Eine Jede lege ihr Wissen in die Waagschale

D1921000

Eine Jede lege ihr Wissen in die Waagschale

Lesebuch zum 1. Literarischen Salon

herausgegeben von
Elisabeth Roters-Ullrich

tende

Der Verlag bedankt sich für die freundliche Unterstützung durch das Bundesministerium für Familie, Senioren, Frauen und Jugend sowie durch die Stiftung Kunst und Kultur des Landes Nordrhein-Westfalen.

1997 tende
Neustraße 28 · 48249 Dülmen-Hiddingsel
© bei den Autorinnen und tende.
ISBN 3 88633 174 1
Printed in Germany

Inhalt

Sprachbegegnung

Lebensmuster

Grenzgänge

Textspuren

Informationsbörse

Impressionen

Das Programm

Elisabeth Roters-Ullrich

geboren 1953, lebt im Münsterland.
Wissenschaftliche Fachberaterin im Literaturbüro NRW-Ruhrgebiet e.V. in Gladbeck

J. Monika Walther

geboren 1945 in Leipzig, lebt in Hiddingsel/Münsterland
Journalistische Arbeit, Pressedienst, Filmkritikerin, Lektorin, gründete zwei Verlage (seit 15 Jahren tende Verlag mit Annette V. Uhlending)
Arbeitsgebiete: Erzählung, Lyrik, Hörspiel
Goldbroiler oder die Beschreibung einer Schlacht, Hörspiel, NDR, MDR 1995

Ingrid Protze

geboren 1949 in Caputh, lebt in Ferch bei Potsdam
Sängerin und Musikerin
Arbeitsgebiete: Gedichte, Kurzprosa, Essay

Elisabeth Roters-Ullrich
Unbescheidene Zwischenbilanz

Es gibt Sätze, die senden Signale aus. „Die Zukunft... ist ganz gewiß eine Frau in den besten Jahren"; diesen Satz läßt Angelika Mechtel ihre „Prinzipalin" sagen. Im Jahre 1760.

Es ist nicht Hochmut, auch nicht Selbstüberschätzung, wenn Schriftstellerinnen heute in dem Bewußtsein, für die Literatur eigene Signale geben und für die Zukunft Weichen stellen zu können, an wertvolle Traditionen anknüpfen.

Wer dieses Buch in die Hand nimmt, braucht eine Orientierung. Der Inhalt ist vielfältig. Der Titel, ein Zitat von Brigitte Birnbaum, regt Fragen an.

Was ist dieses Buch, daß sich Lesebuch zum 1. Literarischen Salon der Schriftstellerinnen aus Ost und West nennt? Ein Medium, um für Literatinnen Öffentlichkeit zu schaffen, ein Forum, auf dem Schriftstellerinnen die Sprache der jeweils anderen Deutschen verstehen wollen? Ist es eine Dokumentation, um die soziale Lage von Schriftstellerinnen anzuprangern oder eine Informationsbroschüre, die zur Professionalisierung der Autorinnen beiträgt?

Es ist ein Tagungsbericht. Im Herbst 1995 fand im brandenburgischen Rheinsberg ein Schriftstellerinnenkongreß statt. Was ihm vorausging, was folgen wird, liest sich als roter Faden in den Texten mit. Das Buch ist eine Zwischenbilanz.

Es wurde die Form des Lesebuchs gewählt. Diese Zusammenstellung möchte möglichst vielen Leserinnen und Lesern von der Atmosphäre einer Geselligkeit mitteilen. Auf diese Weise kann das Buch zum Lesen ermuntern. Die Initiatorinnen hoffen, daß die Mischung aus Vorträgen, Vorstellung der Autorinnen mit ihren Gedichten und Erzählungen, dem informierenden Teil und ersten Impressionen einen Einblick in die Arbeit und die Träume von Schriftstellerinnen in unserem Land gibt. Wer nicht mehr träumt, kann nicht verändern.

Gleich der Titel „1. Literarischer Salon der Schriftstellerinnen aus Ost und West“ zeugt von der gewollten Unbescheidenheit der Schriftstellerinnen.

Da findet ein Treffen von Fachfrauen aus Ost und aus West statt, in einer Offenheit, die waghalsig erscheinen muß angesichts der anhaltenden Auseinandersetzungen im PEN.

Aus vielen Richtungen kamen die Autorinnen, mit gegensätzlichen Lebensgeschichten und manchmal konträren Erwartungen. Ein Scheitern bei ungleichen Voraussetzungen mußte stets mitgedacht werden. Literaturpolitische Ansprüche wurden angemeldet. Aus den Beiträgen der beiden Initiatorinnen aus West und Ost, J.Monika Walther und Ingrid Protze, ist es herauszulesen.

Unbescheiden ist auch der Versuch zu nennen, gerade an den Salon als einer Organisationsform des literarischen Lebens anzuknüpfen. Die Schriftstellerinnen sind sich der Provokation bewußt, wenn sie in einer Zeit, in der literarische Salons zur Modeerscheinung werden, diese Tradition aufgreifen. Immer häufiger finden sich Menschen bei Kerzenschein zur intimen Lesung ohne literarischen Anspruch zusammen. Die widersprüchliche Geschichte der literarischen Salons läßt derartige Reanimationen zu, diesen Rückzug in die Innenwelt des Salons und in gesellige Projekte als „Ausdruck von Resignation und Stagnation einer Gesellschaft"(Peter Seibert). Auch der Vorwurf des „Elitezirkels" trifft, schaut man in die fast fünf Jahrhunderte währende Geschichte dieser gesellschaftlichen Konversation.

Für die Droste, keine der dominierenden Frauenpersönlichkeiten mit eigenem Salon sondern schlicht Salonbesucherin, war diese Form der literarische Kommunikation mit ihrem spielerischen Umgang mit Sprache und mit ihrer Anmut eine Fluchtsphäre aus dem provinziellen Alltag. An diese Aus-und Aufbruchsphänomene unterschiedlichster Vorbilder läßt sich anknüpfen, wohl wissend, daß Verena von der Heyden-Rynsch den Salon ein „verlorenes Paradies" nennt:

„Der literarische Salon ist endgültig vorbei. Nostalgische wie kritische Stimmen laufen beide fehl, wenn sie ihn nur als lange sich behauptendes Relikt vergangener Zeiten ansehen, denn der Salon ist ein für Europa einzigartiger Raum kulturhistorischen Geschehens und sozialer Entgrenzung gewesen. Ausgehend von einem feudalen System, hat er die Öffnung zur intellektuellen bürgerlichen Gesellschaft vorweggenommen und teilweise eingeleitet. Wie keine andere Geselligkeitsform hat er die Tradition und den Geist der „République des Lettres" weitergereicht und auf weibliche Weise originell verändert."

Peter Seibert nennt die Salons „Glanzlichter weiblicher Kultur" und „Schauplatz einer Geschichte der Emanzipation der Frau". Bei diesen gewaltigen Worten werden heutige Schriftstellerinnen zunächst wieder bescheiden und nennen ihre Zusammenkunft profan „Umschlagplatz für Ideen“.

Das Treffen in Rheinsberg war eine Leserunde und ein Experimentierraum. Die Schriftstellerinnen wollten Texte hören und auf sich wirken lassen, sich trotz Eitelkeit und Verletzlichkeit kritisch auseinandersetzen, um die eigenen Maßstäbe zur literarischen Beurteilung überprüfen und verändern oder erweitern zu können. Sie wollten Kolleginnen persönlich kennenlernen, wissen wie sie leben und denken, Gemeinsamkeiten erkunden. Sie gaben dem Zufall eine Chance, offen für Ideen anderer Kunstsparten.

Viel Zukunftsfreude, viel Unternehmensgeist war zu spüren.

Noch ist es nicht gelungen, für einen modernen Salon eine den Ansprüchen und Inhalten entsprechende ideenreiche, anmutig kontoverse Vermittlungsform zu finden. Doch es gibt Sätze, von denen gehen Signale aus. „Was wir wollen, wünschen und erreichen möchten, müssen wir immer neu herausfinden, individuell und gesellschaftlich, in Winzigkeiten und im Großen“, ein Satz aus einem der vielen Gespräche in Rheinsberg.

Der Schriftstellerinnenkongreß wird alle zwei Jahre als offene Institution fortgeführt. Vieles ist angeregt. Er kann neue thematische Schwerpunkte setzen oder aktuelle literaturpolitische Diskussionen aufgreifen. Er wird einem zukünftigen 1. bundesdeutschen Schriftstellerinnenpreis zu Ansehen verhelfen.

Schon kommt sie wieder zum Vorschein – die Unbescheidenheit.

Die Autorin des modernen englischen Romans, Virginia Woolf, beklagte bereits 1929 das geringe Ansehen der Literatur von Schriftstellerinnen und nannte Gründe. Einen sah sie in der sträflichen Armut des weiblichen Geschlechts: „Wenn nur Mrs. Seton und ihre Mutter und deren Mutter vor ihr die große Kunst des Geldverdienens erlernt hätten und wenn sie das Geld – wie ihre Väter und Großväter vor ihnen – hinterlassen hätten, um Lehrstühle und Dozenturen, Preise und Stipendien einzurichten, dem Nutzen ihres eigenen Geschlechts zugedacht, wir hätten es uns hier oben allein mit einem Huhn und einer Flasche Wein wohl sein lassen können." So aber können „wir uns keine Sofas und keine Einzelzimmer leisten".

In England wurde 1995 zum ersten Mal ein Schriftstellerinnenpreis ausgelobt. In Deutschland konnte man im Börsenblatt für den Deutschen Buchhandel im Mai 1996 darüber lesen: „Schon die Ausschreibung des Orange sorgte für Aufregung in der Londoner Literaturszene. Der höchstdotierte britische Literaturpreis ist allein Frauen vorbehalten. Inzwischen wurde die erste Preisträgerin geehrt und die Aufregung hat sich gelegt... Die Veranstalter sind zufrieden."

Angelika Mechtel, Die Prinzipalin, Frankfurt 1994
Peter Seibert, Der literarische Salon, Stuttgart, Weimar 1993
Verena von der Heyden-Rynsch, Europäische Salons, München 1992
Virginia Woolf, Ein eigenes Zimmer, Drei Guineen, Essays, Leipzig 1992

J. Monika Walther
Die Zumutung zu Handeln

„Alles, woran man glaubt, beginnt zu existieren", schreibt Ilse Aichinger. Und also wäre es das Ärgste, das Suchen nicht gefunden zu haben. Das Suchen ist auffindbar, die Veränderung, das Neue, die wenigen Wörter sind auffindbar, die mit sich eins sind, die wenigen Forderungen, die zu Veränderungen führen können.

Wer schreibt, verschenkt Phantasie, gibt Ratschläge, die nichts besser wissen wollen, denn wer schreibt, muß auf genaueste Weise hinhören, auf stillste Weise zuhören, lauschen, schweigen. Wer schreibt, muß zuerst schweigen. Nicht schweigen dürfen Künstlerinnen aber über ihre Arbeitsbedingungen, über ihre Situation im Kultur- und Medienbetrieb.

Das Zentrum für Kulturforschung Bonn/Berlin legte einen gründlichen Report über „Frauen im Kultur- und Medienbetrieb – Fakten zur Berufssituation und Qualifizierung" (Bonn 1995) vor. „Die gegenwärtige berufliche Situation für Frauen in den neuen Bundesländern ist wieder ungleich schlechter als die ihrer männlichen Kollegen", konstatiert die Autorin Bärbel Mann. Viele Künstlerinnen empfinden eine doppelte Diskrimierung – die ästhetische und die soziale.

Beispiele: Obwohl Frauen in den Kulturberufen überaus qualifiziert sind, liegt der Anteil der arbeitslosen Künstlerinnen bei über 50 Prozent, bei den Preisträgern bei 27 Prozent, wobei Männer die höheren Preissummen davontragen können. Frauenpreise sind Förderpreise.

Bis Mitte der 80er Jahre waren Kulturdezernentinnen die große Ausnahme. 1995 leiten in acht der 27 westdeutschen Großstädte Frauen das Kulturamt. Ebenso sind Frauen in den Jurys, in den Redaktionsleitungen, bei den Hochschullehrerinnen gravierend unterrepräsentiert. Und: Obwohl die Frauen als freie Künstlerinnen oder als Angestellte im Kultur- und Medienbetrieb in der Regel hochqualifiziert und ausgebildet sind, fällt das durchschnittliche Nettoeinkommen niedriger aus als das der Kollegen. „Was ich lebendig nenne? Das nenne ich lebendig. Das Schwierigste nicht scheuen, das Bild von sich selbst ändern", so schreibt Christa Wolf in ihrer Erzählung *Kassandra*. „Ich will die Bewußtheit nicht verlieren."

Frauen, Schriftstellerinnen im Westen, haben ein anderes Bild von sich gehabt, mit einem anderen Bewußtsein gelebt und gearbeitet als die Künstlerinnen, die Frauen in der DDR. Die Differenz, das Anderssein, ist nicht weg zu diskutieren, aber vom Leben einander in Ruhe erzählen, sollten wir. Das westliche System wurde von Schriftstellerinnen, Frauen aus der DDR, auch als Gewalt erfahren, die Wende bedeutete einen Verlust an Möglichkeiten, an gewohnten Hoffnungen und führte oft genug zu Biographiebrüchen, zu neuen Beschädigungen. Oder zu Aufbrüchen weg vom System der Zensur, der Kleinbürgerei und des sorgfältig in Grenzen geregelten Lebens.

Inzwischen sind es Oppositionelle, bürgerbewegte Frauen aus der DDR, die dem westlichen Gegenüber ihr Eingerichtsein in den Verhältnissen vorführen. Für die Künstlerin aus dem Osten hat sich alles verändert, für die

Schriftstellerin aus dem Westen fast nichts, aber für alle Frauen, Schriftstellerinnen, gibt es existenzielle Verunsicherungen, Ängste und neue Verluste an gerade erst gewonnener Souveränität. *Ein* Grund für neue Kärglichkeiten ist eine Kulturpolitik, die Großereignisse fördert, Kulturabenteuer, aber nicht Kulturarbeit und schon gar nicht die kontinuierliche und auf lange Zeit angelegte Arbeit von Künstlern und Künstlerinnen. Zur geistigen und grundsätzlichen Kärglichkeit kommt, daß das Durchschnittseinkommen künstlerisch Schaffender in der Bundesrepublik signifikant unter dem des „Normalbürgers" liegt. In Zeiten des Rückgangs staatlicher und kommunaler Ausgaben werden die Etats für Kultur besonders radikal beschnitten. Aber Kunst, Literatur ist kein Luxus und ihre Bezahlung kein Almosen, sie darf deshalb nicht von der jeweiligen Finanzlage der öffentlichen Hand und irgendwelcher Sponsoren abhängig sein. In diesem Zusammenhang ist die Forderung nach einer Urhebernachfolgevergütung im Rahmen eines Generationsvertrages zwischen den lebenden und arbeiten wollenden – und den toten Künstlern existenziell. Es geht dabei nicht nur um Geld, sondern vor allem um Unabhängigkeit in der künstlerischen Arbeit, denn sonst wäre das System der DDR in diesem Bereich dann doch das komfortablere gewesen.

Gertrud Stein schreibt: „Schließlich sind alle wie ihr Land und ihre Luft ist. Alle sind so wie der Himmel niedrig oder hoch ist, die Luft schwer oder klar, alle sind so wie dort Wind oder kein Wind ist. Das ist was sie formt und die Künste die sie schaffen und die Arbeit die sie tun und die Art wie sie essen und die Art wie sie trinken und die Art wie sie lernen und alles."

Marieluise Fleißer sagt 1919: „Aber ich wußte nicht, wie man klug ist. Ich wußte bloß, daß alles, was ich... gelernt habe, für mein Leben falsch war."

Wir kommen aus zwei Kulturen und wir haben vieles gelernt, was nicht dafür taugt, sich in dieser Gesellschaft durchzusetzen oder wenigstens sich sichtbar zu machen, zu Gehör zu bringen, in der eigenen Arbeit ausreichend gefördert zu werden. Die Statistiken beweisen es, wir Künstlerinnen, wir Schriftstellerinnen taugen weniger, unser Stellenwert wird geringer eingeschätzt.

Auf sozialpolitischem Gebiet ist Streik „männlich, nicht weiblich bestimmt, weil er an die Lohnarbeit geknüpft ist, in der die Frauen nur eine sekundäre Rolle spielen" (Michelle Perrot, Rebellische Weiber, S. 80) bzw. spielen sollen.

Eine Möglichkeit der Teilnahme am öffentlichen Leben bietet der Fensterblick. Das Fenster, der Aufenthaltsort des Dazwischen, wie es Maria Kublitz-Kramer für das 19. Jahrhundert beschreibt. Die Frau wendet in vielen Darstellungen, ob beschrieben, gemalt oder gefilmt, dem Leben im Haus den Rücken zu, während ihre Blicke auf das Draußen, die Straßen gerichtet sind. Das Fenster als ein Ort für die Sehnsucht nach einem anderen Leben.

Es gibt noch immer viele reale Abwesenheiten von Frauen auf der Straße, von Schriftstellerinnen und Künstlerinnen in der Kultur, in der Öffentlichkeit, in der rezipierten und kritisierten, in der gelobten und mit Preisen ausgezeichneten Kultur. Immer noch oder besser gesagt, seit der Wende schon wieder, bleibt den Frauen die Familie, die Wohnung als privater Ort zugewiesen.

Wir alle kennen das Problem, daß es keine Stipendien

gibt, die die Lebenssituation von Frauen berücksichtigt. Nicht wenige Absagen zu diesem Salon waren darin begründet, daß Kinder hätten untergebracht werden müssen, daß Mütter und Verwandte gepflegt wurden.

Wenn Frauen sprechen, wenn sie versuchen, die Phantasien, den Raum zu beschreiben, der aus den herrschenden Redeweisen und Überlieferungen ausgeschlossen ist, zu beschreiben, dann müssen sie den Ort einnehmen, von dem aus gesprochen wird, und dort sind sie immer schon die *Be*schriebenen, so Sigrid Weigel in „Die Stimme der Medusa“. Diese mythische Figur bezeichnet das Bild und die Urszene einer unmöglichen Konstellation, in der sich schreibenden Frauen befinden: Als Schreibende bedienen sie sich einer Sprache, in der sie immer schon die Beschriebenen sind.

„Die Wahrheit ist, daß ich Frauen oft mag. Ich mag ihre Vollständigkeit. Ich mag ihre Anonymität.“ Ein Satz von Virginia Woolf. Liane Dirks fügt hinzu: „Ich mag ihre Gefährlichkeit, ihr radikales Potential, nicht alles platt zu machen, sondern alles über den Haufen zu werfen.“

In vier Tagungen 1993 und 1994 (dokumentiert in dem Buch *Schriftstellerinnen im Gespräch,* 1995) haben Schriftstellerinnen aus Ost und West sich kritisch mit ihrer sozialen und beruflichen Situation, ihrem Umfeld und dem Stand ihrer Professionalität auseinandergesetzt. Über den Haufen geworfen wurden einige eingefahrene Strukturen im Schriftstellerverband; ohne Bescheidenheit wurden Forderungen nach mehr Präsenz im Kulturbereich, in Gremien, in Jurys und Stiftungen gestellt. Diskutiert wurden auch neue Formen der Öffentlichkeit, des Öffentlichwerdens, der Kooperationen und Vernetzungen. Für eine Zusammenarbeit über die Grenzen der literarischen Genres hinaus, brauchen wir neue Strukturen, Förderungen, Lobby und viel Phantasie. An einem runden Tisch muß die Kritikerin mit der Dramaturgin, der Schriftstellerin, die Produzentin und Agentin mit der Drehbuchschreiberin, die Buchhändlerin mit der Kulturverwalterin diskutieren.

Ein literarischer Salon bietet neben Diskurs und Vorstellung literarischer Arbeiten, die Möglichkeit außerhalb aller bestehenden Strukturen neugierig, leidenschaftlich und offen miteinander zu sprechen.

Über den Haufen werden wir noch viel werfen müssen, wenn wir für uns passende Förderungen und Arbeitsmöglichkeiten erreichen wollen, wenn den Stimmen der Schriftstellerinnen zugehört werden soll.

Suchen ist auch wie Spielen. Was gefunden wurde, muß weiter gesucht werden und deshalb müssen wir klar in unseren Forderungen sein, klar in den Phantasien und Träumen: Eine Jede lege ihr Wissen, ihr Können, ihre Träume für eine andere in die Waagschale; eine Jede streite und mute sich das Handeln zu. Auch des Geldes wegen, das gehört ja in dieser Gesellschaft untrennbar zum Leben. Es sei denn unsere Radikalität wäre größer.

Anmerkung:

Zu danken ist Sabine Herholz, der Bundesgeschäftsführerin des Schriftstellerverbandes; Frau Günther von der Stiftung Kunst und Kultur in Nordrhein-Westfalen, Elisabeth Roters-Ullrich vom Literaturbüro NRW-Ruhrgebiet, Frau Gut vom Kultusministerium Brandenburg und Frau Wittrin vom Arbeitsministerium Brandenburg.

Ingrid Protze
Kennwort: Literarischer Salon

Der 1. literarische Salon der Schriftstellerinnen aus Ost und West findet in Rheinsberg statt. 1995. Warum Salon? Wann und wo sind wir drauf gekommen?

Der literarische Salon ist in besonderer Weise mit Frauen verknüpft, weil er einen der wenigen Orte und Möglichkeiten für sie bedeutete, sich frei zu äußern. Vor dem Schreiben kam das Sprechen, vor der literarischen Schöpfung die Konversation, das heißt der Salon. Dabei ist dies nicht etwa eine neuzeitliche Erfindung. Schon vor ca. 2500 Jahren hat Sappho um sich einen Kreis von Mädchen und Frauen zum Unterricht und gemeinsamen Austausch in Dichtung, Musik, Tanz, Hauskunde versammelt. In früheren Jahrhunderten war es auf unserem Kontinent zunächst nur einer verschwindenden Minderheit von Frauen, nämlich Königinnen und Prophetinnen, vergönnt, ihre Stimme öffentlich zu erheben. Dennoch kamen Frauen im Kontext häuslicher Betätigungen untereinander ins Gespräch: Im Wöchnerinnenbett, am Spinnrad, beim Kornmahlen, beim Wasserholen... Während diese Gesprächsthemen den Männern für gewöhnlich verschlossen blieben, gaben ihnen eben jene ‚Geheimnisse' Anlaß zu Mißtrauen. Wie oft wurden solche Gespräche als Hexensabbat verleumdet. In ländlichen Gegenden trafen Frauen und Männer in den Wintermonaten zusammen, wobei sich die Frauen, zurückgreifend auf archaische Erzählmuster, als versierte Geschichtenerzählerinnen, erwiesen. Im aristokratischen Milieu dienten spätmittelalterliche Minnebräuche mit Wortgefechten, Rätseln und Gesten dem Zeitvertreib. Von einem Salon wird jedoch erst von dem Augenblick an gesprochen, als sich kulturelle Zentren auch außerhalb des Hofes, des Palastes oder Palazzos, in der Stadt und in privaten Häusern etablierten.[1]

Eine historische Form der Kommunikation von literatur- und kunstinteressierten Frauen und Männern, Schriftstellern und/oder Wissenschaftlern bildeten die literarischen Salons in Europa. Frauen fungierten als Gastgeberinnen, prägten aber auch als Schriftstellerinnen und Künstlerinnen die Atmosphäre der Salons. In ihrer Struktur waren sie besonders geeignet für die Herausbildung der modernen literarischen Öffentlichkeit. In Europa gab es zwischen dem 16. und 18. Jahrhundert und danach immer wieder literarisch gebildete Königinnen und Fürstinnen, die ihren Hof zu einem kulturellen Zentrum machten, Elisabeth von England, Christine von Schweden.[2] Diese Frauen genossen aufgrund ihrer gesellschaftlichen Stellung zahlreiche Privilegien, durch die sie über alle Kritik erhaben waren. Insbesondere die Pariser Salons des 17. und 18. Jahrhunderts waren die Geburtsstätten ganzer literarischer Strömungen und Bewegungen und von außerordentlicher Bedeutung für die Entfaltung der Aufklärung durch das ganze 18. Jahrhundert, z. B. auf dem Schloß der Herzogin du Maine. In Deutschland trug der „Musenhof“ der Herzogin-Mutter Anna Amalia in Weimar, mit Wieland und Goethe, zur Vorbereitung der klassischen Blütezeit der deutschen Literatur bei. Die Schriftstellerin Sinaida Wolkonskaja bot Dichtern in ihrem Moskauer Salon die Gelegenheit zum Gedankenaustausch. Dies war in den Jahren der Depression, die dem Dekabristenaufstand (1825) folgten, von großer Wichtigkeit.[3] Einer der bedeutendsten Berliner Salons war der Salon der Rahel von Varnhagen (1771 - 1833); in emanzipatorischer, fast revolutionärer Weise geprägt. Gemeint ist sowohl der Aspekt der Emanzipation des Bürgertums, aber vor allem der Frauen und der kleinen Gruppe von Intellektuellen, der „Avantgarde ohne Hinterland". Besonders diesen Bezug zur Salongeschichte halten wir für eine heutige Adaption für produktiv. Analog zur Schriftstellerinnengeneration der Günderrode und Bettina von Arnim leben auch wir in Zwischenzeiten, Zwischenwelten, bringen neue Lebens- und Arbeitsmuster hervor, Muster, die oft von späteren Generationen als Modelle verwendet werden.

Zunächst gleichberechtigte Glieder solcher Zirkel, waren jene Frauen später selbst Gründerinnen und Mittelpunkte der Salons. „Der Ton, die Inständigkeit ihrer gegenseitigen Bekenntnisse, die Richtung ihrer Interessen, die Themenkreise, über die sie ihre Ansichten austauschen, die Denk- und Lebensformen, auf die sie aus sind, können als ein vielleicht unbewußter Versuch gelten, weibliche Elemente in eine patriarchalisch strukturierte Kultur einzubringen."[4]

Gerade die Berliner Salonkultur scheint mir von großer Bedeutung. Mehr oder weniger intuitiv sind wir auf sie gestoßen. Damals. Nach 1989 änderten sich für uns die gesellschaftlichen Strukturen, auch im literarischen Bereich. Durch die Neugründung des Literaturvereins Literatur-Kollegium Brandenburg e. V. ermutigt, verabreden sich zwei Frauen und ein Mann, drei Gleichgesinnte, Literaturinteressierte, an einem tristen Oktobertag, um eigene Texte zu lesen und über Literatur zu reden. Fortan wollen sie sich regelmäßig treffen, sie gründen unter dem Dach des Literaturvereins ein Projekt „Schreibende Frauen“, aus dem mittlerweile „Frauen und Literatur“ wurde, um auch männlichen Kollegen das Mitmachen unter diesem möglichen Nenner zu erleichtern. Die Drei sind Mitte vierzig, haben erst jetzt den Mut, ihre Texte öffentlich zu machen. Die Kinder sind groß. Nach der Devise, man suche engagierte Mitschreibe- und Mitstreiterinnen, schreibe ein Konzept, fuchse sich in Projektanträge ein, beziehe unterschiedliche Erfahrungen aus der Vorwendezeit mit den Zirkeln schreibender Arbeiter und den Werkstattwochen von Songklubs ein, suche verbündete Partner, die Arbeitsräume und Unterkunft bieten. Sie trafen auf offene Ohren in den Ministerien für Forschung, Wissenschaft und Kultur sowie Arbeit, Soziales, Gesundheit und Gleichstellung, die finanziell unterstützen.

Der Treffpunkt Medien- und Literaturhaus wurde schnell zum Übernachtungsort für Beamte – Wohnungsnot in Potsdam –, auch im Künstlerclub wurde es nach und nach stiller und dunkler... Sowohl im Künstlerhaus Schloß Wiepersdorf als auch an der Musikakademie in Rheinsberg wurden sie mit offenen Armen zu ihrem Arbeitstreffen aufgenommen. In der Praxis wurde deutlich, daß vierzehntägige kontinuierliche Zusammenkünfte über einen längeren Zeitraum nicht zu realisieren sind. Die beruflichen, häuslichen und damit zeitlichen Belastungen der Frauen und der finanzielle Mechanismus zur

Förderung eines Projektes standen einer kontiunierlich über das Jahr verteilten Beschäftigung entgegen. An den gastlichen Stätten stimmten die äußeren Bedingungen, die mit der Motivation der Kolleginnen und ihrer inneren Einstellung zu einer mehrtägigen Höhepunktveranstaltung korrelierten. Gelegentliche Verabredungen zu literarischen Diskussionen (ca. fünf mal im Jahr), gemeinsamen Lesungen und Theaterbesuchen darüberhinaus ergänzen das Projekt „Frauen und Literatur".

Aus dieser Mischung heraus entwickelte sich die Struktur ‚Unseres Workshops'. Den Begriff ‚Salon' hielten wir für zu hoch gegriffen und damit für uns nicht angemessen. Doch schon 1992, nach dem 1. Jahr, wuchs das Selbstbewußtsein. In der literarischen Beschäftigung und textlichen Annäherung an Bettina von Arnim im Künstlerhaus Schloß Wiepersdorf, dem Wohnsitz von Achim und Bettina von Arnim, sind wir intensiv auf die Formen des literarischen Salons gestoßen.[5] Den literarische Salon fassen wir als kulturellen Vorgang: nämlich zugleich als Ereignis, Prozeß und auch Ort des Geschehens[6], keiner dieser Aspekte soll isoliert gesehen werden. Ingeborg Drewitz spricht von den Berliner Salons als einer ersten Hochzeit deutscher Frauenemanzipation. Von Hooochzeit! Deborah Hertz verweist an anderer Stelle, bisher wäre ein solches Modell ohne Nachfolge, historisch einzigartig, geblieben. Inzwischen findet in Berlin wieder ein „Berliner Salon" statt, seit ein paar Jahren organisieren in Potsdam Filmenthusiasten den Salon für Liebhaber des jungen europäischen Films... Ohne sozialhistorische vergleichende Betrachtungen zu damals anzustellen: Wir hatten einfach angefangen, mit der Literatur, dem Schreiben von eigenen Texten, und es gab für uns Frauen in doppelter Hinsicht keine Öffentlichkeit. Das Land noch im Umbruch, wir im Auf-bruch. Warum also nicht die Salonkultur ihrer Einmaligkeit berauben, einmal gesammelte praktische Erfahrungen hernehmen? Für unsere heutigen Belange und Notwendigkeiten zurechtschneiden? Alte, erfolgreich erprobte, gar emanzipatorische Formen von damals mit neuen Inhalten füllen?

Diese Position halten wir für produktiv, da sie „die Zusammenhänge mit der Gesamtgesellschaft nicht zerreißen“[7]. In unseren Brandenburger Arbeitstreffen vermischen wir locker zwei der Berliner Salonstrukturen. So versuchen wir stets, eine rege „Arbeitsatmosphäre“ zu schaffen, in der „Manuskripte laut vorgelesen und der Kritik ausgesetzt“ werden, wo „Urteile über neue Theateraufführungen und Bücher gefällt“ werden. Zum zweiten laden wir kompetente Gäste (u. a. Helga Schütz, Lydia Potts, Heide von Felden, Frank Göpfert) zu „brillianten Konversationen“, „üppigen Soupers und musikalischen Darbietungen.“[8] Ja, auch dies gehört für die alltagsgestreßten „Frauen (und Literatur“) eben zur besonderen, Salonatmosphäre, sich an den gedeckten Tisch setzen und alle Zeit ausschließlich künstlerisch-literarischer, thematischer Arbeit widmen zu können.

Nach und nach gelingt es, nicht nur die literarischen, sondern auch andere musische Talente der Frauen genreübergreifend einzubeziehen. So sprechen wir heute von gemeinsamen Programmen. An Stelle klassischer Lesungen gibt es: Gesang von Arien und Chansons, Piano- und Akkordeonspiel, Grafikausstellung, und last, but not least: Lesen eigener Texte. In Zukunft sind auch Film und

Fotografie geplant. Wir reisen mit den neuen Texten an, lachen mit- und übereinander, geben Spaß, Sorgen und Lebenserfahrungen überkreuz ab. Hier kommen wir zur inneren Ruhe, um uns für das Andere, für Literatur, aufregen zu können. Um uns dann von den Lieben nach Hause holen zu lassen. …

Christa Wolf meinte zu den Romantikerinnen: „Frauen fühlen sich heftig zueinander hingezogen und widersetzten sich der Anziehung nicht, die keine Vermittlung und Sanktionierung durch Männer braucht – wenn sie auch enge Bindungen und Liebesverhältnisse mit Männern nicht ausschließt. Diese jungen Frauen haben einander etwas zu geben, was ein Mann ihnen nicht geben könnte, … eine andre Art Verbundenheit, eine andre Art Liebe, … Als könnten sie, allein miteinander, mehr sie selbst sein; sich ungestörter finden, freier ihr Leben entwerfen, Entwürfe, die denen der Männer nicht gleichen werden.“[10] Den Frauen ist die Literatur zur Leidenschaft und zeitweilig zur schönsten Hauptsache geworden. Sie tauchen in imaginäre Welten, schenken sich gegenseitig Erkenntnsise in den Diskussionen, setzen sich auseinander mit verschiedenen Sichten auf die Welt und nutzen unterschiedliche literarisch-künstlerische Mittel. Sie wollen die Welt nicht mit Worten verdünnen, sondern „dicht“ machen.[11] Dies mit viel Vergnügen, und ‚eine Jede legt ihr Wissen in die Waagschale der Anderen.‘ (Brigitte Birnbaum) …

Gehen wir einen Schritt weiter. Betrachten wir den Salon als Prozeß, als kulturellen Vorgang, ein Ereignis, das häufiger stattfinden soll. Der literarische Salon böte in seiner Fülle, Komplexität, der Wiederholung, der relativen

Regelmäßigkeit von Rezeption und Vortragen von Literatur, des Reflektierens über und die Arbeit an Literatur, manchmal der Produktion von Literatur, vielfältige Möglichkeiten. Nicht geringgeschätzt werden sollte die Wirkung und Motivation eines Arbeitstreffens von beruflich Gleichgesinnten für die eigene Arbeit und darüberhinaus, initiativ projektgründend tätig zu werden. In der Wissenschaft ist seit langem eine Form von Konferenzen, Forschungsseminaren üblich. Auch für eine Schriftstellerin ist m. A. von Zeit zu Zeit ihr Heraustreten aus der Vereinzelung, die ein kreativer Schaffensprozeß mit sich bringt, notwendig. Mit dem Salon könnten ein paar Voraussetzung mehr geschaffen werden, von – allein-stehend zu – selb-ständig zu gelangen. Schließlich birgt die verstärkte Sensibilität einer Schriftstellerin einen höheren Grad an Gefährdung und Verlorenheit.

Andere Wertvorstellungen, als jene, die mit den alten Institutionen verlorengingen oder in erstarrten Institutionen nicht zu verwirklichen sind, sollten im Salon formuliert, erörtert und mit Gleichgesinnten erprobt werden.

Auch hier in Rheinsberg spinnen wir den Salongedanken von einst weiter. ... Es gibt Wider- und Fürsprachen, Rat und Tat, Kritik und praktischen Beistand von Freundinnen für die Arbeit und die Anerkennung des Schriftstellerinnenberufes. Einiges wird wohl sichtbar werden, am Ende und in Folge des 1. Literarischen Salons der Schriftstellerinnen aus Ost und West. ... Also spinnen wir den Salongedanken weiter.

Anmerkungen:

1) Georges Duby, Michelle Perrot: Die Geschichte der Frauen, Frühe Neuzeit, Bd. III, Hrsg. v. Arlette Farge, Natalie Zemon Davis, Frankfurt/Main, NewYork, Campus Verlag: Paris 1994, S. 415
2) siehe auch Sigrid Grabner: Christina von Schweden, die rebellische Königin, Verlag Ullstein GmbH, Frankfurt/Main, Berlin 1992
3) Frank Göpfert: Dichterinnen und Schriftstellerinnen in Rußland von der Mitte des 18. bis zum Beginn des 20. Jahrhunderts, eine Problemskizze, in Slavistische Beiträge, Bd. 289,Verlag Otto Sagner München 1992, S. 59 - 65
4) Christa Wolf: Die Dimension des Autors, Aufsätze, Essays, Gespräche, Reden 1959 - 1985, Der Schatten eines Traumes- Karoline von Günderrode – ein Entwurf, Aufbau-Verlag Berlin und Weimar 1986, S. 58 ff und S. 57 ff, und S. 85
5) siehe Schreiber-Innen, Frauen und Literatur aus Brandenburg & Bettina von Arnim – Versuch einer Annäherung, hrsg. von „Fauen und Literatur" des Literatur-Kollegiums Brandenburg e. V. Potsdam 1993, S. 58 - 87 und Carola Stern: Der Text meines Herzens, Das Leben der Rahel Varnhagen, Rowohlt Verlag GmbH, Reinbek bei Hamburg 1994
6) Etymologisches Wörterbuch des Deutschen, Q - Z, Autorenkollektiv des Zentralinstituts für Sprachwissenschaft unter Leitung von Wolfgang Pfeifer, Akademie-Verlag Berlin 1989, S. 1469 und Deborah Hertz: Die jüdischen Salons im alten Berlin 1780 - 1806, Deutscher Taschenbuch Verlag GmbH & Co. KG München 1995, S. 32 ff
7) vgl. Anm. 4, Ursprünge des Erzählens, S. 4698) vgl. Deborah Hertz, aaO, S. 15 ff.
9) vgl. Anm. 6, H - P, aaO, S. 886
10) vgl. Anm. 4, aaO, S. 84
11) Natachee Scott Momaday: Haus aus Morgendämmerung, Eugen Diederichs Verlag GmbH & Co. KG, München 1988, S. 78 ff.

Uta-Maria Heim

geboren 1963 in Schramberg/Schwarzwald, lebt in Hamburg
Arbeitsgebiete: Lyrik, Kriminalroman, Prosa, Hörspiel, Feature
Süden und Irrtum, Gedichte, Flugasche-Verlag, Stuttgart 1991
Bullenhitze, Kriminalroman, Rowohlt Verlag, Reinbek 1995

Anna Dünnebier

geboren 1944 in Stuhm, lebt in Köln
Studium in Berlin und London, zahlreiche Reisen u.a. nach Indien, Afrika und in arabische Länder für Radio- und Fernsehproduktionen
Arbeitsgebiete: Roman, Hörspiel, Fernsehfilm, Regie
Eva und die Fälscher, Roman, Fischer Verlag, Frankfurt 1989
Der Quotenmann, Roman, Frankfurt 1993

Barbara Köhler

geboren 1959, lebte bis 1991 in Chemnitz, heute in Duisburg
1995 Rheinsberger Stadtschreiberin
Arbeitsgebiet: Lyrik
Deutsches Roulette, edition suhrkamp 1991
Blue Box, Suhrkamp-Verlag, Frankfurt 1995

Eva Leipprand
geboren 1947 in Erlangen, lebt in Augsburg
Arbeitsgebiete: Prosa, Essay, Rezensionen
Dornröschen und Eva, Walter Verlag, Olten 1989

Silvia Kabus
geboren 1950 in Görlitz, lebt in Leipzig
Redakteurin einer kulturellen Monatszeitschrift
Mitglied des Runden Tisches der Stadt Leipzig
Nach mitvollzogener Liquidation des Schriftstellerverbandes der DDR 1991 Aufbau des Literaturbüros Leipzig
Arbeitsgebiete: Prosa, Essayistik, Lyrik
Felix und der Wolf, Filmszenarium, UA, 1988

J. Monika Walther
geboren 1945 in Leipzig, lebt in Hiddingsel/Münsterland
Journalistische Arbeit, Pressedienst, Filmkritikerin, Lektorin, gründete zwei Verlage (seit 15 Jahren tende Verlag mit Annette V. Uhlending)
Arbeitsgebiete: Lyrik, Erzählung, Hörspiel
In der Traumwäscherei ist Arbeit, Gedichte, Frankfurt/Dülmen 1990
Ein Fest in Lissabon, Hörspiel, WDR 1996

Uta-Maria Heim

Gegen später, ein Zufall

Es wird schneller geschossen An den
Verkaufstagen werden Ampeln gezählt
Maschinen Wir stellen die Kontakte
her wir beten Wir fragen nach Tassen
nach dem Punkt des Entfernens wir
überprüfen das Schild an der Reinigung

Wir gehen wir stehen und dann

Würfeln wir schieben Figuren am
Brettrand und Knochen im Abfall die
Hand unterm Tisch Und dann ja und
Dann da winken die Orte und sinkt
die Überholspur da wiegt sich
der Kreis

Horizontal, Geschichte

Ritschratsch hieben wir in die Landkarte
hübendrüben zerhackte ein Reich Ich nahm mir
den Teil mit den Gewässern Du dir den
mit den Seen nach unten nach oben blieb das
Meer offen: vier Katzenleben lang immer nur Fisch

gefressen drei Hunde lang immer nur
Tang. Nordwärts du in Spitzenschuhn und ich
auf dem Südendeck barfuß zwischen uns
zwei Weltkugeln Kunsteis Herrgott! wie haben
wir von seinen Splittern gekostet züngelnd
auf dem zerriebenen Wasser freilich bleiben
die Kapitäne bejammernswert aber jemand
hatte uns das Schwimmen gelehrt, landunter

Der Sprung in die Pizzerien

Wir haben die Auseinandersetzungen wieder
in die Pizzerien verlagert aber immer
war da noch was aber immer die Bereitschaft
sofort nach Köln zu fahren wenn es sein muß
oder an die Küste Das hat uns kritisierbar
gehalten im Stand durchmotorisiert den Hals
gebrochen an die Leitplanken genagelt ja doch
wir haben es immer wieder geschafft zu spät
zum Rennen zu kommen Wir sind immer wieder
zu den Wagen gerannt und dann gellte es
Urlaub und dann ist allesalles Irdische zu-
sammengeklumpt zum kleinen zu spitzen Schrei!

Und dann diese Stille

Diese abgefuckte und durch nichts zu ersetzende
Ruh dies Pulsen und Vibrieren im Leerlauf der
Gänge und Hallen die stets etwas Sakrales hatten

Rom natürlich sind wir in Rom gewesen die meiste
Zeit in den Parks auch haben wir uns weitab
gesetzt zu den andern in uns Auch haben wir dis-
kutiert über Geschwindigkeiten taten's Lob auf
die Entfernung und schliffen uns Solitäre zurecht
suchten den einzigen Baum aus auf den wir
dann später mit Entschlossenheit knallten und nu
diese Ruh...

Der Sprung in die Pizzerien ist wieder urbar geworden

Hinhörn

Wirbel im Haarschopf Auf den Bäumen im Keller
alles rast schon und es rastet auf den Punkt zu
der verglüht dann Nix da und als wär's das Aber
noch ist Bewegung von der Funkuhr fiept die
Ruh Also seht doch wie sie kurbelt wie
sie andreht sich verfängt so im
Genick einer Putzfrau Ach ja Schon länger
stand das Rad still floß uns Watte
in die Zeichen an der S-Bahn wo sonst

Berlin, 1058

Grau ist grau nicht Schrill tönt's parolenlos
zwischen Spinnweben aus Plastik mit Samt Figuren
die aus Löchern stürzen sich an Fassaden
bäumen als wärts

Ihr

habt uns nicht viel übriggelassen ist von
allem noch da habt ihrs nicht jewollt Von allen
Totenaugenblicken eine Ratte wischt weiter
Körperohne Morgana Ein Flirren ein Bersten
Ein Knall

    Ein Rausch
an den Kiosken kognakgrau scheint's durchs Grau die-
ser Mauern Weiß von der Leere vom Abriß vom Kom-
men
Weiß Staubschwade wird nach oben ziehn Wolke
Häuserblock Himmel durch Schnitt gezogene Spur

Anna Dünnebier
Eva und die Fälscher

Eva hatte die Fächer während des Studiums entdeckt. Sie hatte sich lange gewundert, warum die Festung Universität so erbittert verteidigt wurde. Die Professoren: Heute haben wir das Vergnügen, das hochinteressante Referat von Herrn A zu unserem Thema zu hören, ach, und Fräulein E hat sich, glaube ich, auch mit diesem Thema zu befassen versucht, mal sehen, was dabei herausgekommen ist. Die Studienberatung: Sie würden sich Ihre Ausbildung vereinfachen, Fräulein E, wenn Sie zur pädagogischen Hochschule gehen würden und Geschichte nur im Nebenfach belegen, Sie wollen ja wohl Lehrerin werden. Die Studenten: Willst du dir auch nen Akademiker angeln, warum machst du nicht Medizin, die verdienen später mehr. Die Formulare: Der Studierende ist verpflichtet, der Studierende wird darauf aufmerksam gemacht, der Studierende, nur der.

All das für eher langweilige Vorlesungen. Für mäßig interessante Seminare. Für den Zutritt zu dem Seminargebäude mit den hohen Räumen, den versteckten Fluren, in denen Zerstreute ihre Bücher hin- und hertrugen. Für den Zutritt zur Bibliothek mit ihrem Staub- und Ledergeruch, deren Schätze Eva mit mehr Mühe als Faszination durcharbeitete.

Bis sie eines Tages ihr Interesse an Handwerksarbeit bewegte, die feingearbeiteten Nußholzregale mit ihren leicht oval geformten Glasflügeltüren, die in einem besonderen Raum der Bibliothek besonders Kostbares enthielten, von hinten zu betrachten. Entsprechend besonders waren auch die Regale, nicht einfach Brett an Brett. Obwohl sie zierlich wirkten, waren sie viel zu schwer, als daß Eva sie hätte verrücken können. So kroch sie hinter eins, das schräg über die Ecke stand, und in der Ecke hinter dem schrägen Regal entdeckte sie die Tür. Eher ein kleines Pförtchen als eine Tür – vom selben Holz und in derselben zierlichen Weise gearbeitet wie die Regale –, das ein bißchen klemmte, sich mühsam öffnen ließ und eigentlich nicht zum Durchschreiten einlud.

Die Männer sahen kaum auf von ihrer Beschäftigung. Der Raum war nicht groß und nicht sehr hell, hohe, spitz zulaufende Fenster mit bunten Gläsern waren verstaubt und stumpf, die Männer beugten sich dicht über ihre Papiere und Gerätschaften. Einige waren an einem großen hölzernen Stehpult um einen Stapel Zeichnungen, Stiche und Gemälde versammelt, die sie einander mit Kommentaren zuschoben, zwei andere schoben Bleiwürfel in einem großen Kasten hin und her, drei waren um ein sperriges Gerät versammelt, das auf Eisenfüßen in der Mitte des Raumes stand, eine gedrechselte Säule ragte wie eine riesige Schraube in der Mitte auf, darunter zwei Querplatten, zur Seite weg eine Art große hölzerne Schublade. Zwei drehten an der riesigen Schraube, so daß die obere Platte sich langsam hob. Der dritte schaute zur Gruppe an dem großen Stehpult, wo sich ein Streit entspann. Es ging um mehrere Holzschnitte, die Szenen aus dem Berufsleben zeigten und die Eva bekannt vorkamen. Einer zeigte eine Juwelierwerkstatt, eine Goldschmiedin mit einer spitzen Haube hält eine Goldwaage, ein Goldschmied lugt durch eine enorme Lupe. Ein anderer zeigte zwei Geldwechsler, ein Mann mit einem fellbesetzten Gewand und Hut zählt Münzen, eine Frau trägt in ein Buch ein, ein Spitzentuch ist so um ihren Kopf geschlungen, daß es seitlich zwei Zipfel bildet. Ein dritter zeigt eine Frau mit einer Meßlatte, einem armgroßen Winkel und einem noch größeren Zirkel, gekleidet in eine Art Überwurf, lange bauschige Ärmel, auf dem Kopf eine Mischung zwischen Tuch und Mützchen. Eva dachte an den Tag, an dem sie nicht erklären konnte, wie Lastwagen oder Penicillin funktionieren, und wußte, woher sie die Frauen kannte. In der Tat, da waren auch Stiche, die Greda zeigten, Greda mit Anna im Kräutergarten, Greda am Schreibpult, Greda und Hausgenossinnen beim Musizieren.

Der Streit ging um die ersten beiden Bilder.

Es geht nur bei diesen zwei, sagte erregt einer der Männer, Goldschmied und Ehefrau, Geldwechsler und Kundin, das geht. Ehefrau eines Architekten, das geht nicht, wo ist denn dann der Architekt.

Die Leute werden's glauben, wenn es geschrieben steht, rief der zweite und setzte seine Faust auf das umstrittene Bild.

Wer hat noch eine Architektin gekannt in den letzten Jahrzehnten, sagte triumphierend der dritte.

Den letzten Jahrhunderten, steigerte der zweite, aber da deutete der erste stumm auf das Bild und schüttelte seinen Kopf.

Die Männer hatten sich in Hitze geredet, auch waren sie warm angezogen, pludrige Hosen oder rockartige Gewänder und manteldicke Überwürfe, große Kragen, einer hatte gar eine weite Halskrause, und sein Kopf über der Krause war hitzig rot.

So geht es nicht, rief er ungeduldig, so geht es nicht, wir müssen glaubwürdig bleiben.

Nun versuchte der zweite zu begütigen, lenkte auf die ersten beiden Bilder zurück, über die man sich einig war, trug sie zu den beiden Männern mit dem großen Kasten, und die nahmen ihre Bleiwürfel und begannen, die angegebenen Texte zu setzen. Die beiden anderen hatten die Schraube vollends hochgedreht, die Schublade fuhr heraus, und Eva sah eine frischgedruckte Buchseite aus der Presse kommen. Sie erkannte auf einem Bild Lioba und zwei ihrer Lehrmädchen, ein bißchen ungefüge in der Perspektive war ein Raum des Meisterinnenbetriebs dargestellt mit zwei Webstühlen, und es fehlte auch nicht die kostbare Tasse voll Kakao im Vordergrund. Die mit großen Buchstaben bedruckte Unterzeile der Darstellung lautete: Hausfrau und Töchter beim Anfertigen der Aussteuer.

Die streitenden Männer am Pult brachen plötzlich in Gelächter aus, waren sich einig, einer schnipste verächtlich den Finger gegen das strittige Bild. Sie winkten den Männern am Setzkasten, hielten das Bild der Architektin hoch und riefen: Wie haben den Text, setzt bitte „Die Geometrie".

Die Geometrie, allegorische Figur, so ist es noch deutlicher, rief der mit dem Rüschenkragen zufrieden.

Schon das nächste Bild machte wieder Schwierigkeiten. Es zeigte die Bänkelsängerin, die vom Bauernkrieg gesungen hatte, und den Volkshaufen, der ihr zuhörte, ein farbiges Gemälde, wohl in Öl.

Nachbarinnenstreit, sagte einer, das geht nicht, das Bild ist zu deutlich.

Dies ist ein heikles Thema, sagte der zweite, eine Weberin hier oder da, das könnte man noch dulden – aber wenn sich herumspricht, daß Frauen im Nachrichtengewerbe tätig waren!

In der Geschichtserzählung, begütigte der zweite, schreiben tun wir.

Diesmal fiel ihnen so schnell keine passende Lösung ein, und während sie ihre gedankenvollen Blicke vom Setzkasten zur Presse, von der Presse zu dem Bild zurück schickten, kam ihnen Eva ins Gesicht. Die drei sahen Eva an, sahen einander an, sahen die Kollegen am Setzkasten und an der Presse an. Einer am Kasten schüttelte leicht den Kopf. Wer wird ihr schon glauben, sagte der mit dem Bänkelsängerinnenbild halblaut, die Leute glauben, was wir schreiben. Als würde ihm erst nachträglich klar, was er gesagt hatte, wiederholte er laut und mit sicherer Stimme: Was wir schreiben! Damit nahm er das Gemälde, warf es in eine Ecke und sagte: Wir lassen es weg, bald wird es vergessen sein.

Ohne weiter Zeit zu verlieren, wandten sich die Männer dem Betexten der Greda-Bilder zu.

Die Verfälschung der Geschichte der berufstätigen Frauen in der spätmittelalterlichen Geschichtsschreibung, nannte Eva ihr nächstes Referat, das sie wegen des Pfeifens, Lachens und Zischens der versammelten Studenten nicht beenden konnte. Der Professor brauchte sich nicht einzumischen. Als sie abbrach, sagte er begütigend: Kein Wunder, daß einem so hübschen und temperamentvollen Wesen die Spekulation mehr liegt als die Wissenschaft,

Fräulein E; aber kommen wir zurück zur Sache, meine Herren. Die Herren staunten, daß Eva ihr Studium trotzdem nicht abbrach.

Im Gegenteil, die Erkenntnisse aus dem Hinterzimmer beflügelten ihren Wissensdurst. Beflügelten sogar ihr Interesse, die Bücher in den Nußholzregalen zu lesen, mit der gesunden Ungläubigkeit einer echten Wissenschaftlerin. Ihre Ergebnisse behielt sie zunächst für sich, teilte sie allenfalls mit Athene. Führte Athene in das Hinterzimmer, mit demselben Entdeckerstolz, mit dem Athene sie zu Greda und zu Lioba geführt hatte.

Die Besatzung des Hinterzimmers hatte gewechselt, sogar die Einrichtung war verändert. Druckpresse und Setzkasten waren verschwunden, statt dessen standen da Steinblöcke übereinander gestapelt bis zur Decke, viel zu groß für den engen Raum, darum herum lagen Tontafeln, Lederrollen, Pergamentrollen. Die Männer trugen lange, weit fallende kuttenartige Gewänder, manche lose um die Taille einen Gürtel geschlungen. Seufzend buchstabierten und deuteten sie an der Rückseite eines Steinbildes herum. Von vorn war das Steinbild eine Frauengestalt, große Nase, längliche Augen, die Umrandungen betont im Stein herausgearbeitet, wie geschminkt, dicke Haarwölbung, hinter den Ohren vorbei nach vorn gelegt, fein schraffiert, wie geflochten, auf dem Kopf eine Krone, aus der eine Schlange hervorzüngelte. Auf der Rückseite enthielt die Figur eine Inschrift in Zeichen und Bildern.

Der Text ist so schlecht nicht, sagte einer endlich, die Sonne gebären, Keime der Götter und Menschen legen, das wäre brauchbar.

Vielleicht kann man erzeugen sagen, schlug der dritte vor.

Nut, die Uralte, welche die Sonne gebar und die Keime der Götter und Menschen legte, las Athene die Inschrift auf dem Stein.

Die Männer wühlten ungeduldig in den Tontafeln, in den Rollen, tasteten die Steine ab.

Die Große Mutter, sagte einer, überall die Große Mutter. Früchtespendend. Lebensspendend. Mütterliches an der Spitze können wir nicht brauchen. Haben wir nichts Besseres?

Das Ur-Ei, spöttelte ein anderer, wenn Euch das lieber ist, Kollege. Warum nicht gleich eine Ur-Vulva?

Nun brach der dritte in höhnisches Gelächter aus, schlug mit der Faust auf einen Steinbrocken, auf eine länglich-ovale Zeichnung in Schwarz und Ocker, und sagte: Da ist sie! Sein Gelächter klang fast hysterisch und er hämmerte mit der Faust auf die kleine ovale Zeichnung. Was geht uns an, was ein Idiot vor 30000 Jahren in einen Stein geritzt hat, sagte der erste.

Eine Idiotin, verbesserte der dritte, dessen Gelächter zu einem albernen Lachen verebbt war.

Bedrohlicher sind die Texte, fuhr der erste fort, ich ging mit der Allmacht schwanger, ich wohne in den Wassern der Tiefe, breite mich aus durch alle Geschöpfe und berühre den Himmel mit meiner Krone.

Allmacht. Krone. Das könnte gut zu einem Gott passen, sagte ein vierter.

Der Text lautet: Schwanger, sagte wieder der zweite, heutzutage weiß jeder Laie, wer in dieser Welt schwanger werden kann.

Gedankenschwanger, schöpfungsschwanger, ein poetisches Bild, beharrte der vierte.

Der dritte kicherte noch immer, albern, ein bißchen irre, stieß Namen hervor, Rhea, Neith, Demeter, Ishtar, Astarte, Isis, Lakshmi. Bei jedem Namen schlug er mit der Faust auf die kleine Zeichnung auf dem Stein, sein Gesicht verzerrte sich mehr und mehr vor Schmerz bei der Wucht seiner Schläge. Inanna. Schlag. Freya. Schlag. Pallas. Schlag.

Athene fühlte sich angesprochen und sagte lächelnd: Gäa, die Erde, gebar Uranos, den Himmel; mit ihm zeugte sie das Titanengeschlecht.

Himmel und Erde, sagte der vierte und blickte an Athene vorbei, als wäre sie abwesend, als wären ihre Worte aus dem Himmel auf die Erde gefallen: Himmel und Erde ist gut.

Am Anfang schuf Gott Himmel und Erde, sagte der erste, wie zur Probe.

Das geht zu weit, sagte der zweite, wer wird das glauben. Gott schuf. Gott gebar. Jeder Laie weiß...

Wir sagen nicht „gebar", beharrte der erste. Wir sagen „schuf".

Cave espionas, sagte der dritte, mit einem Blick auf Eva und Athene.

Ihre Zeiten sind vorbei, sagte der erste und warf einen flüchtigen Blick auf einen länglichen Stein in der Form eines flachen Dreiecks, auf dem sich steinerne Kämpfer ineinander verbissen hatten, in der Mitte eine Frau in Ziegenfellrüstung mit Schild und Helm, die ihren Speer reckte, und sagte weiter in Athenes Richtung: Die Zeiten sind vorbei, wo Weisheit regiert.

Es entstand eine Pause. Dann sagte der dritte zögernd: Wir sollten es neutraler fassen. Am Anfang war –

Gott, sagte der erste.

Eben nicht, sagte der dritte, neutraler, allgemeiner. Am Anfang war der Sinn. Die Kraft. Die Tat? Wie findet ihr das: Am Anfang war das Wort.

Was ist mit meiner Formulierung, beharrte der erste: Am Anfang schuf Gott Himmel und Erde.

Es ist problematisch, sagte der zweite. Gott schafft Himmel und Erde – schon fraglich. Und wie soll er Menschen gebären? Gott schafft Himmel und Erde, und der Mann gebiert die Frau?

Der erste sagte kühl: Warum nicht? Um ein für allemal die Rangfolge festzulegen. Sie könnte ihm, sagen wir, aus dem Kopf springen. Oder aus seiner Seite, als seine Rippe, sozusagen. Wenn es nur bizarr und mythisch genug ist...

Absurd ist es, sagte der vierte. Die Frau gebiert den Mann, die Göttin die Welt,

Sie werden es glauben, gerade weil es absurd ist, sagte der erste.

Barbara Köhler

Blue Box

Woher so traurig Grade noch sprachen wir
Die eingebläute Lehre: nichts erwarten
alles nehmen was kommt geben was geht
uns zwischen Kommen und Gehen die Mitte
heißt Bleiben zwischen Nehmen und geben
gibts nichts zu erwarten Das sind Worte
ist alles. Die Ausweglosigkeit
des Sprechens Die leere Mitte ein ZwischenRaum
die unbewohnbare Hoffnung Es bleibt
nicht übrig hinterm Trauerrand der Liebe
nicht der Frau eines Mannes nicht dem Mann
einer Frau sind Taten sächlich kann Gegen warten
für ein Stück Blau laß mich bleiben: es

Ansage

Treten Sie ein versetzen Sie sich
aus Ihren Vierwänden den künstlichen
Landschaften dort draußen im Kreis
der Familie entkommen Sie in die Weite
WHERE THE LAND STRETCHES OUT
FOREVER endlich sind Sie allein wie
Millionen mit dieser vertrauten Stimme

die beim Namen nennt Vögel und Getier
sehen Sie hören Sie fragen Sie sich
nicht Adam wo bist du im Hades der Bilder
ist die Fernbedienung der Gottesbeweis
sind Sie ein Schatten unsterblich nicht
wirklich von dieser Welt rufen Sie an
nennen Sie Ihren Namen die Lösung
des Rätsels wählen Sie Ihr Programm

Body and Soul

Die Angst ist ein Mutter mal & hinterrücks unbegreiflich ein Loch das zu Herzen geht durch & durch eine Schwärze der Krebsgang in die Kindheit die Angst ist die Mutter aller Dinge deren Vater der Krieg ist der Lauf den das Projektil nimmt heißt Seele sagen Soldaten in dieser Sprache hat jede Schußwaffe ihre Bestimmung ist Beseelung ein Hohlraum ein Wundkanal ist die Angst zwischen den Schulternblättern wenn du ihr

den Rücken zukehrst wird sie dich treffen

Auf triftenden Gründen

Schollen Geschiebe
zerrissenen Kontinenten auf gut Glück bestehen auf dem Spielbein auf dem Sprunggelenk auf den Fersen bleiben aufs Ganze gehen auf verlorenem Boden gewinnen aufgegebene Standpunkte teilen: die Brühe eröffnen Unendlichkeit zwischen Eins und Null beginnt der andere Zustand auf dem Wasser kannst du wandeln dem gefrorenen Meer bis zum unerreichbaren Horizont von Scholle zu Scholle ein springender Punkt.

Eva Leipprand
Der Schluß aller Schlüsse

Blau, männlich, und der Schwanz ein Meter Federn: ein Pfau. Ein Pfau schritt durch den Säulenbogen auf die Terrasse. Lässig streifte die Schleppe über die Fliesen, so daß der Kerzenschein zitterte in der sonst ganz stillen Nacht, und die Federkrone wippte an der Balustrade entlang. Nur einmal wandte sich der Pfau zur Mitte, um von einer Frucht zu naschen, aus der Obstschale ihm zugereicht von einer weißen Hand. Zwei Fingerspitzen glitten über seinen Schnabel bis zum gekrümmten Ende, einem Haken, scharf genug zum Köpfen junger Kobras. Süß tropfte von der Frucht der Saft auf Perlen und Ringe. Und weiter wiegte das Krönchen und wischten die Schwanzfedern um die ganze weite Terrasse. Wo die Treppe zu den Gärten hinunterführte, zu Brunnen unter Hibiskusblüten und hochstämmigen Palmen, drehte er die blaue Brust zum Licht und schlug sein Rad. Das tat er, damit man ihn bewunderte. Zugleich aber schlug er hundert eigene Augen auf; neben den zweien, die rechts und links vom Schnabel hervortraten, noch unzählige andere Augen, nicht paarweise, sondern einzeln und flammend und riesig vor Neugier.

Und was war es, das hundert so gierigen Augen Nahrung bot? Teppiche ausgebreitet unter den Sternen, Kissen und Polster aufgehäuft, Karaffen, Schalen, Räucherwerk, Leuchter mit gestutzten Flammen, das Sternenlicht zu ergänzen, nicht zu ergänzen, nicht zu verdunkeln. Im bleichen Licht ein Arm, der Blitz eines Rubins, ein zum Himmel gewölbter Rücken, Perlenschnüre auf dunkler nackter Brust, langes Haar über die Palmenkulisse züngelnd, ein Fuß, ein akrobatisches Männerbein. Das waren der Sultan, der König der Zeit, und Schehersad, die Gefährtin in tausend Nächten, beschäftigt nach klassischen Regeln mit der Liebeskunst. Ein Hauch ging durch das Pfauenrad, und hundert Augen blinkten, als die beiden auf ihrem Teppich zum Schluß kamen, der Sultan in gefügiger Kühnheit, die Geliebte führend ergeben.

Als zwischen den Polstern Ruhe eingekehrt und nur noch Flüstern und Lachen zu hören war, klappte der Pfau den Augenfächer zusammen und stieg hinunter in den Park, einen Schlafbaum zu suchen. Im gleichen Augenblick trennte sich vom Dunkel des Säulenbogens eine Gestalt, weiblich, Dinarsad, die Schwester, und ließ sich auf einem der Kissen nieder.

Erzähle, Schehersad.

Dies war die letzte unzähliger Nächte. Noch einmal war sie, nicht ohne Vergnügen, zu des Sultans Verfügung gewesen. Noch einmal hatte sie Kopf und Körper gerichtet für die Nacht, hatte Haare gezupft und sich gesalbt und geschmückt mit Karfunkelgefunkel und die letzte Geschichte ausgeheckt, die sie nun für sich und nicht mehr für ihn erzählte. Denn es war gelungen, er hatte verstanden, er war gewendet und gewandelt. Anfangs hatte sie erzählt ums blanke Überleben, um Zeit zu gewinnen, um die mörderische Gewohnheit zu brechen, die auf ihm lag wie ein Fluch. Bald genügte, daß sie immer noch und immer wieder da war. Wie konnte er da noch den Wüterich spielen? Den Geköpften mußte er am nächsten Morgen nicht in die Augen schauen. Ihr aber schon, und diese Augen hatte sie betörend bemalt für die Sache auf den Teppichen, und die Brauen ganz fein aber scharf gezogen für die Aufgabe danach, daß sie sich hoben und senkten wie die Schwingen eines Vogels im Anflug auf den sturen, störrischen Starrkopf. Ihre Geschichten waren grausam und auch manchmal schrecklich endend, aber eben doch Geschichten nur, die ihn lehren sollten mit Erfahrung aus zweiter Hand, was selbst zu erfahren ihm und allen anderen tödlich ausgegangen wäre. Er schlug ja nicht nur Köpfe ab, der Gewalttätige, sondern auch den Ast, auf dem er selber saß. Über Vergangenes reden, die Zukunft meinen. In Worten durchspielen, was nicht Wirklichkeit werden durfte – das war der Sinn des Erzählens. Nun war Schluß mit der Gewalt, und Schluß mit dem Wüten gegen alles, was weiblich war. Nacht für Nacht mit ihren Mitteln, erst süßen und dann klugen Worten, hatte sie seinen Trotz gebrochen, jetzt wußte er Bescheid. Es lebe das Leben. Nie wieder Krieg. Und endlich einmal schlafen eine Nacht lang.

Der Sultan reichte ihr eine Schale mit Obst. Sie nahm einen Granatapfel, jedoch im matten Sternenlicht den vom Pfau ekelhaft zerfleischten, und sie ließ ihn fallen. Nun erwartete der Sultan die Fortsetzung des Märchens. Es war eine kleine, nur ein klein bißchen gemein gemeinte Geschichte von einem, der seine Manneskraft verliert. Satilatlas hieß der stolze Held, und Hamamatelliwa seine Gattin mit den kohlschwarzen Augen. Als diese sah, was dem Mann abhanden gekommen war, und daß stärkender Wein nichts half und auch nicht Fasten, Weinen und Beten, schickte sie den widerwillig Gehorchenden, mit zehn

Kamelen ausgerüstet, ins ferne Indien, die Zauberheilpflanze zu holen.

Hier hatte Schehersad abgebrochen gestern im Morgengrauen, und es schien, als habe der Sultan ihr vorhin in aller Deutlichkeit beweisen wollen, daß diese Geschichte mit ihm nichts, aber auch gar nichts zu tun habe. Nun lagerte sie sich anmutig auf den Polstern, ein weißer Arm blieb frei für begleitende Gesten, und sah beim Sprechen, während der Sultan, wie sie wußte, an ihren Lippen hing, zur Mondsichel hinüber, die nun ganz schmal am Horizont erschien. So brachte sie ihre Geschichte wie folgt zum Schluß: Hamamatelliwa, da der Gatte sehr lange ausblieb und sie ihn tot glaubte und gar zweimal gestorben seine Manneskraft, wurde schwach und willigte ein, einen andern zu heiraten. In der Hochzeitsnacht, wie nicht anders zu erwarten, kehrte Satilatlas zurück, verkleidete sich, erschüttert wie er war, als Blumenstock und wurde als solcher im Brautgemach Zeuge des grobschlächtigen Zugriffs des Bräutigams. Nun folgte aber keineswegs Mord und Totschlag, nein, die Herren spielten friedlich die von Hamamatelliwa bestimmten Rollen: der grobe Bräutigam suchte still das Weite, der Gatte überzeugte sie daraufhin von der Rückkehr seiner Manneskraft, und ihrem Glück stand nichts mehr im Wege.

Zwischen den Palmen, über den Hügeln schimmerte das Morgenrot, und Dinarsad erbleichte. Hatte die Schwester vergessen, daß sie lebte vom Zerstückeln der Geschichter, einer Spannung, billig gewonnen, aber so kostbar? Daß Vollendung tödlich war? Und nun bat sie auch noch kühn um eine Gnade und ließ die drei Söhne holen, die sie dem Sultan geboren hatte.

Dies sind deine Söhne, o König der Zeit! Schenk mir das Leben, ich bitte dich, du siehst, sie brauchen ihre Mutter.

Nach diesen Worten neigte Schehersad den Kopf in einer Demutsgeste, die sehr gelegen kam; die erwachende Sonne hätte die Heiterkeit in ihren Augen und den Triumph in ihren Mundwinkeln offenbart, und der Sultan würde doch noch den Henker kommen lassen. Auf ihrem Busen glänzten die Nägelmale, die er ihr aufgedrückt hatte, denn nur an ihn sollte sie denken den ganzen Tag; und die Abdrücke seiner Zähne. Endlich einmal schlafen vom Abend bis zum Morgen.

Es war ganz still auf der Terrasse, niemand sagte ein Wort, während die Sonne aufstieg, auch die Kinder rührten sich nicht.

Ein Irrtum, alles. Eine Fata Morgana. Ein Rückfall. Wegen eines Wortes? Er zieht die Lefzen hoch vor Abscheu. Mutter! Und winkt. Er hat nur gespielt mit ihr. Und winkt. Er hat den Zivilisierten gespielt. Und winkt. Er war nur Tünche, wenn nicht Lüge. Und winkt den Henker her, der nun zwischen den Säulen erschienen ist, und mit der anderen Hand Dimarsad an seine Seite. Und sie hat der Vernunft vertraut. Er sieht aus wie vor drei Jahren, blind vor Wut, wie am Anfang. Und wird gleich alles zusammenschlagen, sie, und Dinarsad, und sein ganzes Königreich.

Die Sonne sitzt nun als Scheibe auf dem Horizont, bald wird es heiß und die Kühle der Palastmauern erstrebenswert. Von drunten schallt der Schrei des Pfaus; das heißt, es wird Regen geben. Tatsächlich ziehen sich Schlieren um den Sonnenball und Dunstwolken über die Umrisse der Hügel, darüber aber, wo gerade die Sterne verschwinden, ist noch eine Ahnung vom klaren Dunkel der Nacht.

Die Terrasse liegt auf einem der Dächer des Palastes, dem höchsten. Nur nach einer Seite hin unterbricht der Säulengang den Blick, sonst herrscht Freiheit in alle Richtungen und auch nach oben ins blaue, von Sonnenstrahlen durchschossene Weltall. Das Blau die Ferne, die Unendlichkeit. Das Himmelsgewölbe. Und wenn es tatsächlich ein Gewölbe wäre? Nicht unendlich, nein, ein Gewölbe, verankert im Kreis um den Horizont, hinter Palmen und Hügeln eingelassen, eine Schale, ausgekleidet mit Wolkenfetzen und vom unteren Rand her beleuchtet mit rötlichem Licht. Ein Deckel über den Palast gestülpt. Eine Falle. Eine unerbittliche Glocke, der nicht auszukommen ist, nicht durch Rennen oder Ducken, nicht beim Hinausschauen ins Blaue, nicht in Gedanken und nicht im Tod.

Auch der Sultan erscheint auf einmal lächerlich auf dem Polsterthron mit seiner zum Befehlen erhobenen Hand; denn sie bleibt ihm nun in der Luft stehen, so wie alles stehenbleibt, die Palmwedel, Dinarsads Schleier im Wehen, den Söhnen die großen, auf den finsteren Vater gerichteten Augen, der Henker im Ausschreiten auf Schehersad zu. Dazwischen Teppiche, Kissen, Schalen, Leuchter.

Und auch Schehersad starr, eine Figur montiert auf einer Scheibe. Nichts mehr zu riechen, nichts mehr zu hören, und die Luft schwer zähflüssig. Bunte Plastikfiguren auf einem Palastdach klebend, von einer Balustrade umgeben, mit Palmen und gemalten Hügeln drumherum. Darüber, wie ein milchblaues, von Schleierwolken überzogenes Himmelsgewölbe, die Glasglocke. Außen steht ein Rand über. Und nun greift eine Hand, unfaßlich mal größer als die erhobene Hand des Sultans, nach dem Glas und schüttelt. Schwarzer Schnee wirbelt auf und durchsetzt das ölige Wasser. Eine Weile lang ist alles schwarz, bis sich der Schnee langsam senkt auf die Palmen und den Palast und die Figuren und alles einebnet unter einer dikken Schicht. Und dann stellt die Hand ruhig, so daß nur einige Flocken aufsteigen und wieder niedergehen, das Glas ins Regal zwischen Schneewittchen und Donald Duck.

Sylvia Kabus
Halluzinogene Pilze der Heimat (Auszug)

Die Erste läßt sich einfach fallen, wie sie hineinkommt, auf eines der Ferienlagerbetten, gleich so, in Sachen, das ist das Schönste, manchmal, wenn ich total zu bin, die Wärme vom ganzen Tag in den Klamotten und dann bloß liegen, ganz schwer, höchstens die Schuhe aus, das ist es, ganz heiß und nichts mehr, keine einzige Bewegung.

Die Zweite geht wieder hinaus, die Treppe des Forsthauses hinab, zu der sie Freitreppe sagen, durch das rauhreifknirschende Gras geht sie zur Mauer und holt starres, süßes Kraut ins Haus. Die Gefriertemperatur der Pflanzen liegt um zwei Grad unter der Erfriertemperatur, sagt sie, dann wäscht sie das glasharte Grün lebendig warm und ißt zwei Händevoll auf davon und spürt wunderbar langsam, durch das dauernde Frösteln hindurch, wie heute, am zweiten Tag, alles glatt, weich, durchflossen, anders wird hier.

Sie geht immer wieder allein herum im wuchernden Garten, mit dem Fotoapparat oder nur so. Sie sieht auf den birkenlaubüberstreuten Teich und bleibt stehen, weil etwas stechend schmerzt und glüht, eine Weile schon, Irrsinn ist das, sie schluckt und atmet, schluckt und erkennt im Weitergehen eine Stelle wie wundgebrannt, genau zu benennen, die mitgetragen werden will. Sie geht zur Mühle mit den spurenlos verschwundenen Fenstern und Türen, den langgestreckten Räumen im Zwielicht ohne Laut. Und dann in der ebenerdigen Halle die hinabrutschende Lichtwand draußen, gelborange, als ob überhaupt alles sinkt und sackt, und sie zögert, ob sie das fotografieren soll oder nur weinen, mit Weinen Tag und Nacht entgrenzen, eine eigene Endlosigkeit sich erschaffen, die dämpft und lindert. Dabei läuft sie weiter durch das schwarz gewordene Kraut, hin und her, sie weiß nicht, wie sie das aushält, nur immer weiter und in Kreisen, bis das goldbraune Licht in allen Parterreräumen sie wieder ins Haus zieht.

Die Dritte hat ihnen das Quartier vermittelt, ein ehemaliges Urlaubsversteck von Berliner Theaterleuten, am Rand einer Ortschaft von fünf Gehöften, geschützt, nicht auffindbar über den Waldweg wie übers Feld ohne eine metergenaue Beschreibung. Sie müssen auf jeden Fall das Gefühl für dieses besondere Haus teilen oder es erwerben, eine Vorsicht, etwas Verständiges gegenüber den kleinen kalten Kammern, dem Kamin, den zahllosen Türen hinaus und herein, den riesigen Aluminiumkellen aus der lärmenden Vorzeit, den Nudelsieben und Teekanistern eines vergangenen kollektiven Lebens.

Sie findet es unwahrscheinlich gut, daß sie das Haus ganz für sich haben, es sind immerhin Schulferien, und auch sonst ist es fast ausgebucht, trotzdem keiner es weiterempfehlen soll. Ostern zum Beispiel rückten auf einmal ein paar unmögliche Skat-Typen an, das kann sich keiner vorstellen, und auch noch entsetzlich laut. Als wir es uns gerade gemütlich gemacht hatten und reden wollten am Kamin, richtig schön hingehauen, da tauchten die plötzlich aus dem Wald auf mit Birkenzweigen und paar Litern Schnaps und veranstalteten den übelsten Lärm, Stunden. Den Abend konnten wir dann echt vergessen.

Während sie sich das erzählen, läuft die Erste immerzu hin und her, wie Falschgeld, ruft sie, die Luft muß das sein, Reizklima, die Luft hier ist wie ein Hammer, da brauchst du erst einmal zwei volle Tage, bis du geradeaus sehen kannst und du so langsam glaubst, daß keiner was von dir will, daß du nichts, einfach nichts machen mußt, wenn du nicht willst.

Oder das Schönste hier ist gerade dieses leerweiche Auf und Ab durch das knarrende Haus, durch alle Schlafkammern, so groß wie Schränke, durch den hell getäfelten Aufenthaltsraum, wie er früher genannt wurde, mit den Stichen der Lindenarten und Uhus, und danach wieder ankommen in der Küche, auf einem rauhen Sperrholzstuhl bei den anderen sitzen und nur in den späten Abend hineinwachsen. Vor Zwölf dann fangen sie ruhig an, ein Mahl zu kochen, ohne Eile kämmt eine die Holunderbeeren von den Stengeln und setzt sie im größten Emailletopf an, nach ein paar Gläsern Sherry und Wein streicht sie sie dann durch das schüsselgroße Sieb, dickt die Suppe an und verliert kein Wort zu der Würze, als sie sie fragen, sie läßt sie in die lippendicken, angeschlagenen Teller fließen, das ist Hitze, das ist Fließen, Purpur, Blut, etwas Schwarzes zum Erschrecken, nichts für Männer in ihrer Ängstlichkeit vor Rot, und mit Sahne rühren sie sich dann unglaubliche Spiralmuster, sieh mal, guck dir das doch mal an, so möchte ich ein einziges Mal Seide färben oder reine weiße Wolle, ein einziges Mal.

Danach essen sie Rotbarsch und Pellkartoffeln und geschmorte Pilze. Ein letzter Champignon, süßliche Nebelkappen (Geruch: sehr stark, parfümiert, zuweilen widerlich) und gelbe und grüne Täublinge. Am Ende ist es eine leichte Mahlzeit, durch irgend etwas gerade richtig, wie sie so geht, über Stunden, sie hat eine geheime Zutat, die sie alle beschwichtigt und tröstet, und Zeit liegt darüber wie ein Segen, wo sonst hätten sie die Ruhe, alles so zusammenzutragen und für sich zuzubereiten.

Alle gehen sie morgens in den Wald, wieder nach einem erdschweren, langen Frühstück, zwei Stunden ohne zwischendurch aufzustehen, so schwanken sie in die Kälte. Das grüne Knirschen, das rotbraune Knirschen, das pappgraue, das knirschende Kraut überall um die Mühle, die Brücke, bis alles rot wird, feuerrot von Buchenlaub, daß die Zweite erneut das Wundbrennen spürt und es den anderen sagen möchte.

Sie erkennt beinahe ruhig, hinter der Stirn, nur im Wald, immer in den Räumen des Waldes, und vor allem in dieser tiefen Stille, durch die sich die Plattenwege des langen Mordens und Krieges ziehen. Sie macht die anderen aufmerksam darauf, daß sie einwachsen, versinken wie *Naturpfade*, unauffällig bleiben wollen, aber immer noch da sind, kilometertief in die mecklenburgische Ruhe hinein, und solange sie da sind, führen sie irgend wohin, unter Hagebutten und Holunder, die Steinwege des Tötens, der geheimen Fabriken und Mühlen, stur anwesend, ein Grauen, eine bannende Traurigkeit überall in den Gliedern ist das, lähmend, sie will, sie will das einfach einmal sagen.

Die Dritte antwortet später darauf, daß ganz in der Nähe ein Bunkergelände erhalten geblieben sei, oder eine Fabrikanlage, ziemlich groß, nicht mehr viel zu sehen zwar, doch sie könnten ja hingehen. Ein weit geöffnetes Tor steht in der genauen Oktobersonne, recht und links halten sich eckige Erhebungen unter dem Grasfilz. Ein ausgedehntes Gebiet, und das Rechteckige, Geplante der einzelnen Felder erschrickt sie alle und macht sie beklommen. Auf der Wegmitte blüht gelbes Moos, und im Gehen stoßen sie mit den Füßen die von einem schweren Fahrzeug umgefurchten Balken auf den Boden zurück, damit sie wieder anwachsen.

Sie beginnt einen amerikanischen Thriller zu erzählen, und sie werden ganz aufmerksam, sie soll langsam erzählen, ganz genau, und in der aufsteigenden Spannung erinnert sich die Zweite an ihre Bangigkeit durch die fast ununterbrochene Reihe von Filmen hindurch, vor die sie mit Gleichaltrigen während der Schuljahre gesetzt worden war, an das Heranschieben von etwas Entsetzlichem, an ahnungslose Menschen auf der grauschwarzen Leinwand heran, und ebenso an sie alle, eine dumpfe Bewegung, und hinterher die nicht gelöste Fassungslosigkeit, in der sie auf die Straße stolperten, eine kantige, versteckte Macht herrschte hinter ihnen in dem verschwundenen Film und in jedem Haus, an dem sie nun vorbeikam, und sogar, auch wenn sie es sich nicht eingestehen wollte, in ihrem Zimmer.

Sie überlegt, ob durch ein Tor zu gehen und willenlose Angst dabei zu empfinden ein Erbe ist hier. Es gibt keinen Wald, der nur Wald ist in diesem Land. Sondern das Quellen von unerwarteter Unruhe, ein Würgen.

In der frühen Dunkelheit des Nachmittags liegen zwei auf den Betten, in Sachen hingestreckt, die Glut der Gesichter wie von heißem Wein, nur liegen in der Schwere, die Schuhe weg, keine Bewegung, nur eine zunehmende Verdichtung um jede, zäh und erhaltend.

Dann der fröhliche Abend, so leicht. Sie liegen und liegen und rufen empört die Dritte, warum hast du uns nicht geweckt, wie spät ist das, ich glaub, ich spinne hier den ganzen Tag und bekomme überhaupt nichts mit. Aber sie richten sich noch nicht auf, erst müssen sie aushalten, wie der warme Plasmakern sich wieder verdünnt, sie müssen aushalten, sich wieder zu spüren, den Stich, das Plötzliche der Begegnung. Von der offenen Küche kommen scharfe Gerüche, Lauch, Zwiebeln, Paprika, Kaffee. Sherry steht da, und ein stundenloses Mahl wird gegen Mitternacht aufgetragen.

Zuvor aber springt die Zweite in die winzige Handwerks- oder Schreibstube, zum Telefon. Sie muß wissen, ob es aus dieser dichten Umhülltheit, der Kraft des Waldes und der Lautlosigkeit, sofort eine Verbindung in die Stadt gibt, sie muß eine andere Freundin anrufen und ihre Stimme hören, eine, die die Vierte sein könnte, wenn sie da wäre, die aber fern ist. Eine Frische ist auf einmal in ihr, während sie die Stimme vorausört, sie möchte sie sehen und unbefangen anstarren, das Weiß, und die enge Genauigkeit der Augen, aber mehr noch möchte sie sie lassen. Sie beide lassen, in dem großzügigen Raum, den die Lichtflut ihnen zuschneidet, das stechend Deutliche und weich von Rottönen Durchflossene des Tages, in dem sie nichts falsch anrühren möchte, nur alles in ihrem Sein lassen.

Die Freundin lacht, es klingt zuerst wie Schüchternheit, als sie sagt, daß die Drei ihr fehlen, sie versteht gar nicht mehr, weshalb sie nicht mitgefahren ist, die Zeit hätte sie doch gerade gehabt, so verrückt bin ich manchmal, ich weiß. Sie hört sie Luft holen wie über leichten, ziehenden Schmerzen, sie lauscht auf ihren Ton, eine Unstimmigkeit, einen Anflug von Eifersucht, wäre das möglich, während die entfernte Freundin hinzufügt, nach einer Woche wisse sie bestimmt gar nicht mehr, was sie in der Stadt solle ohne die Drei. Sie lacht ein schepperndes trockenes Lachen, trotz Mann und den Kindern wäre sie so gern dabei, verrückt, wie eine Sucht auf einmal, lacht sie wieder und schweigt dann, als warte sie auf etwas, eine sofortige Umkehrung dessen, was gerade ist.

Als sie hinterher um das blendend überstrahlte Haus geht, ermüdet mit einem Mal, erinnert sie sich, wie sehr sie sie gedrängt hatte mitzukommen, wieviel ihr daran lag, und daß es der Freundin eine Genugtuung gewesen war abzulehnen, obwohl die Zeit dagewesen wäre, wie sie betonte, aber etwas verletzend Unausgesprochenes hatte sie stehengelassen gegen die zutrauliche Wärme und Fröhlichkeit des Bittens, als wäre ihr diese Möglichkeit, sie zu verletzen, verlockender als die Reise erschienen.

Warum hatte sie sie jetzt angerufen, aus welchem Impuls heraus, fragt sie sich selbst, und unabweisbar steht vor ihr, daß sie schärfer und genauer leben muß, wacher, anstatt auf die Schubkraft der Gefühle zu vertrauen, ihre narrenleichte Führung, wie ein glückliches Kind. Ein bestimmtes stürmisches Vertrauen muß sie lassen.

Wußte sie wirklich nicht, daß die Freundin sich meistens für das Paradoxe entschied, für eine Variante, auf die dann reizbare Unzufriedenheit folgte? Daß sie nach einem eigenen Gesetz steckenbleibt zwischen zwei Unbequemlichkeiten und andere dort mit festhält, bis dann eine nervöse Verzweiflung als das Normale erscheint? Sie wußte es, aber deckte es zu, sie hat sich von einem bestimmten

Gehaltenwerden noch nicht gelöst, auch wenn es krank ist, sie mißtraut noch ihren Wahrnehmungen, als wären sie überscharf oder brauchten ein generelles Mißtrauen. Die goldene Eisluft reißt ihr das ab. Die Freundin ist herausgefallen, sie sind Drei, weiß sie, und als sie wieder um den Küchentisch sitzen, trödelnd, hinaussehend in langen saugenden Blicken, aber doch ganz leicht, spürt sie sich plötzlich am richtigen Ort.

Das Haus, sagt eine beiläufig, ist das einzige in der Gegend, in das bisher noch nicht eingebrochen worden ist. Keine kann sich das erklären.

Morgens gehen sie wieder in den Wald, die frische Feuchte ist eine wissende Hand, nichts muß gedacht werden, darüber könnten sie lachen. Eine findet einen riesigen Plusterpilz, Krause Glucke, ruft sie, die reicht für alle, und sie fragt, ob es nicht Pilze gibt, die beschwipst machen, sie hat das gelesen, wie Sherry, richtig betrunken. Sie steigen einen goldroten Berg hinan, immer nur das Rot trotz Regen und Verwesung, und als die Zweite einmal wie angewurzelt stehenbleibt, in ein Loch des dunkelgrauen Nichts gefallen, aufhört, sich zu empfinden, kommt die Dritte lautlos heran, die letzten Schritte gesprungen, und faßt sie von hinten lachend in die offenen Arme, so ein sanftes Erschrecken, und zusammen, umfaßt, stolpern sie vorwärts, die Augen, auch wenn sie halbmüde immer wieder auf den Boden fallen, voll von brandrotem Licht. Sie empfindet heute keine Beklommenheit, vielleicht war das überhaupt eine rein nervliche Reaktion auf die langersehnte Landschaft, das Fortgenommensein von allem. Sie denkt auch nicht nach, wieso dieses Fortgenommensein ein Glück ist, ein befreiendes Nachlassen. Es ist lächerlich, eine von keinem geforderte Quälerei, ständig nachzudenken, etwas, das anstrengt, foltert, mit Kraft herbeizuholen, um deutlicher zu leiden. Sie lacht leise: Das Fallenmüssen in einen Grund, der sich auflöst, entzieht, manchmal ein beinahe schon hingenommener Vorgang, ist ganz eindeutig jenseits der lichtdurchspielten Waldsäume.

An diesem Tag fallen ihnen zum erstenmal die Kinder ein, die auf einem Gestüt zum Reiten untergebracht sind. Es ist nicht ratsam, Kinder in ihren Ferien zu besuchen, das Heimweh explodiert dann, aber sie möchten ohnehin ein Stück über Land fahren im Auto, fahren, fahren, und so brechen sie zu ihnen auf. Sie schaukeln fast die ganze Strecke durch endlos lange Alleen und Hohlwege, wieso haben sie das nicht gewußt, oder vergessen, soviel Schönheit unmittelbar hier, uralte Bäume und freier Raum, der hellere Himmel der Küstennähe schon, beschwingt und wieder ganz ruhig fahren sie, gewiß, daß es nirgends überraschender sein kann, hellblauer, weißblauer, weißgrauer.

Die Reithalle ist feuchtkalt, mit weichem Boden, unter milchigem Licht. Die kleinen Mädchen reiten mit Tempo, die Gesichter wie aufgeblasen vor Erregung, und führen die prallen Ponys im Kreis. Erst als das eine die Mutter sieht, die Dritte, kommt sie gelaufen, und sie bemerken sofort, das sie starr ist vor Unterkühlung und aufgeregt. Sie hat durchsichtige Lippen und zuckt unter einem nervösen Zorn, sie sagt, daß sie mit möchte, gleich, trotz der Pferde, sie findet es nicht schlecht hier, nein, aber sie möchte mitkommen, sie preßt sich an die Mutter und sagt, daß die Betreuerin sie angeraunzt hat und ihr gesagt, ihre Freundin wäre vielleicht gerade noch auszuhalten, sie aber wäre unausstehlich.

Die Mutter drückt sie und schmust mit ihr, und erinnert sie an die Pferde, auf die sie sich so gefreut hat. Sie gehen umschlungen hinaus in den leichten Wind und sehen zwei braunschwarzen Bergziegen zu, die auf einen Bretterhaufen im Hof springen und sich dabei abwechselnd hinunterstoßen. Sie schieben vorsichtig Maiskolben in die Kaninchenboxen und schlendern dann in die Ställe, von einer Pferdebox zur nächsten, immer neu das dunkel spiegelnde, sprachlos machende Pferdeauge, die erschreckende Größe, der biegsame, übermächtige Körper. Die Kleine sagt aufgeregt alle Pferdenamen her, und nach und nach wird ihr Ton wegwerfend und entspannt. Die Mutter sinnt dabei unruhig und wortlos, dann bittet sie sie, heute nachmittag noch zu bleiben, wenn sie es dann wirklich nicht aushält, würde sie sie eben abends noch holen, alle beide. Das Mädchen verzieht den Mund und reibt den Kopf am Parka der Mutter und scheucht dann befehlend die beiden Ziegen aus dem Stall, die ihnen zutraulich gefolgt sind.

Die Mutter ärgert sich über die Art der Betreuerin, so muß das Kind sich ja kalt abgelehnt fühlen, es ist doch einfach unmöglich, ihm so hinzuknallen, daß sie es nicht leiden kann. Sie sind alle gegen ihren Willen bedrückt, als sie zurückfahren und wie erinnert an etwas schmerzhaft Spannendes, das sie vergessen hatten. Ich hab mich so auf die Woche gefreut, Mensch, sagt die Mutter in einem versucht schmollenden Ton, und ein feiner, trockener Zug von Anstrengung ist in ihrem Gesicht.

Vor dem Abend fallen sie nebeneinander in eine summende Betäubung, die Füße überhängend auf den kurzen Betten, plötzlich überwältigt von einem weichen, starken

Treiben in raumlose Tiefen. Sie erwachen kurz darauf, zugleich, bestürzt über die unterseeische Dichte ihres Selbst, die wie ein Eindringen der bewußt schweigenden Landschaft ist, und die Erste, die Schweigsamste, Jüngste, fährt hoch und fängt an zu sprechen, unter dem Fächer ihrer glatten braunen Haare, angetrieben von rhythmischen Schlägen im Kopf.

Was ist das? Unklar, total unmöglich, brüllend, ein Wutanfall ihres Innern gegen das mögliche Schweben hier. Sie wollte, wie die anderen neben ihr, *nichts denken*, nicht einmal sein, am liebsten nur genommen und gehalten werden, aber wahrscheinlich können sich die vergangenen Wochen gar nicht in ihr halten, ohne daß die Geschichte sie zersprengt.

Die Geschichte ist ein Tier, mit schnellen harten Pfoten und Zähnen, das sich umherwirft und tobt wie ein Kranker, das um sich stößt, ohne aufzuhören, ohne Mitteilung, voller Hohn über Worte. Die Vorstellung des vollzogenen Abschieds krümmt sie plötzlich wie eine Puppe, sie fühlt eine Steife über den Haarwurzeln, während ihr ihre eigenen Worte einfallen, sie erträgt nicht, wie sie in sie hineinschlagen, das Echo, soll sie all das gesagt haben, so vorschnell, verrückt, hat sie den unförmigen Schmerz nicht voraussehen können, den sie sich, und, wieviel schärfer das schneidet, dem Geliebten angetan hat. Es ist hier, bei ihr, mitgekommen, im Schlaf erwacht, so empfindungslos, taub, frechkalt, wie sie gesprochen hat, schlägt es auf sie ein.

Sie ist sehr jung, ihr Gesicht ist eisweiß und fest, sie hält sich an der hellen Decke mit klaren Griffen, während sie halblaut und scheinbar doch gefaßt erzählt, was sie vergessen hatte, oder was hier erst entstanden ist, ihr Fortgehen von jemandem, das sich hier in eine Wirklichkeit wandelt, etwas wie im Traum Getanes, das danach geboren wird.

Sie möchte sie hin- und herrollen zwischen den beiden, von einer zur anderen, um die Teerhaut abzubekommen, es soll nachlassen, einen Moment wenigstens, daß sie atmen kann oder vielleicht denken.

Die beiden schweigen. Vielleicht haben sie schon alles von ihr erfahren, beim Essen und Herumgehen und Reden, in der Wärme. Ein sengender Nelkengeruch ist um die Jüngere, etwas Hartes. Vorhin ist sie in die aufgelassene Fabrik gelaufen, das haben sie gesehen, und es wäre natürlich, wenn sie nun wissen, was in ihr geschehen ist dort. Der Ort läßt ein bestimmtes Wissen zu denen fließen, die auf ihn lauschen. Es ist ein überraschendes oder eher bestürzendes Schenken, das mancher hier erfährt. Und zugleich seine eigene Offenheit dafür. Daß es das gibt. Ein Sich-Fühlbarmachen der Erde, der Blätter, der Luft, so wie ein sprechendes Wesen.

Auf dem mürben Boden ist sie auf und ab gegangen, und der unterbrochene Atem des Waldes war ein Dröhnen. Die Hexenwirrnis aus toter Winde und vertrockneten Kletterdornen vor den türlosen Öffnungen nach draußen sind ihr aus irgend einem Grund wie Balsam erschienen, sie empfand, es könnte nicht genug Kraut und Gräser geben, um eine beginnende Unruhe zu dämpfen, das fahle Gelb, das Staubbraun und dörrweiße Gelb kamen ihr wie weise Erfindungen vor gegen eine Verunsicherung, die sie in tote Räume führt.

Vielleicht ist sie danach zur Brücke weitergelaufen,

oder sie wird es tun, das ist dasselbe, in den Wald, und sie wird den schmerzenden Eingang in all das Rot sehen. Sie wird sich über dem lärmenden Wasser auf die flache Bordsteinkante setzen, sie wird warten, auf eine schlanke Gestalt, die leicht die Anhöhe herabgelaufen kommt, und tonlose Angst wird sie ausfüllen, daß ein schmaler, federnder Gang bricht unter ihren Worten, sich langsam verzerrt, sie wird sie schwanken sehen und sich verdrehen, kippen, und weder die eine noch die andere Freundin wird ihr helfen können.

Nur der aufschreckende Wandel. Von empfindungstaubem Abwenden in eine scharfe Bedeutung hinein, die leuchtet und sich vor sie stellt. Sie weiß noch nichts über Worte, nichts über sich.

J. Monika Walther

Rückkehr in ein Haus ohne verschlossene Türen

In Leipzig geboren, im Westen geatmet,
die Großmutter zur rechten Zeit gestorben,
ohne den gelben Flecken auf Strickjacke und Mantel,
stehe ich in der Mitte, auf allen Grenzen
und spreche deutsch-deutsch. Mir soll schmecken,
was ich esse. Und ich bezahle, was ich bestellt habe.
An zwei, drei Orten bin ich geblieben,
an keinem vertraut, an keinem verabschiedet
habe ich die Freunde. Was ich glaube,
hört sich auf zu ereignen. Eine alte Genossin
sammelt ausrangierte Straßenschilder und
klingelt an fremden Türen. Einmal und leise.

Du kennst deinen Weg, ich habe dich gefragt
nach meinem und gehört, daß es nicht viele Wörter gibt.
Ich werde schweigsam. Ich bin nicht gemeint.

In kein Wort bin ich dir gefallen, weil ich das
Fürchten von Kindesbeinen an kenne, besser als
vieles andere. Ich habe Angst. Keine Närrin zu sein.

Ich schreibe auf mein Herz. Ohne Preisschild.
Ich liebe die Engel der anderen und komme
zur Vernunft. In keinem besseren Augenblick.

Der Sand in den Schuhen aller Flüchtigen
streut eine Spur über Asphalt und Beton.
Ich schaue nach rechts und nach links und zurück.
Ich will nicht denken, bevor ich spreche
und schreibe. Diese Sicherheit will ich nicht.

Der nächste Augenblick ist meine ganze Zukunft.
Meine Verheißung und der Ort, an dem ich sein werde.
Die Vertrautheit ist mein Abschied;
ich bleibe und wechsle die Spur.

Ich verabschiede mich und kehre zurück in die Länder
der Wirklichkeit. Ich habe erfahren,
was ich von Kindesbeinen an weiß. Was geschieht,
ist vorbei und hört auf und ich vergesse,
was war und suche neue Wörter für alle Wörter,
die ich gelernt habe und verstehe. Ich übersetze
meine Wörter und jeder Augenblick, den ich erfinde,
ist ein glaubwürdiger Ort, existiert.
Ich lebe nicht mit mir und habe keine Zeit
für die Angst. Wahr sind die verlorenen Paradiese.

Wunschgedicht

Ich wünsche mir die Uhren ohne Zeiger,
die Sekunden als Stunden
und die Nächte mit Sternen.
Ich wünsche mir die schnellen Tage
ohne das hastige Abendläuten der Dome
und die Morgende ohne Abschied und Fahrpläne.
Ich wünsche mir den Rabbi lächelnd und
die Steine gelegt von warmen Händen,
lange gedreht und gehalten, rund und
glatt, neue Geschichten erzählend.
Wenn nicht jetzt, wann dann?
Soll sein, was ist oder bau ich
die Schlösser blauer als blau?

Ich wünsche mir singende Vögel
im schläfrigen Morgengrauen und
kühle Laken in der Mittagshitze.
Ich wünsche mir hundert Eiswürfel in meinem Glas,
saftige Limonenscheiben auf deinem Bauch
und die Sonne aller glücklichen Sommer.
Die Lehrer des Sozialismus tanzen im Schloßhof.
Karl, Rosa und Genossin Namenlos lachen wieder,
kein Plan und kein Soll. Niemand siegt
und kein Gedanke an morgen und später.
Früher und letzte Weihnachten im Sommer
als wir alle Oh du fröhliche sangen und
Tochter Zion nicht vorbeikam, weil die
Heiligen Drei Könige Sturm klingelten
und um Schokolade und Geld für die Armen

bettelten lauthals und einer war schwarz,
ein Flüchtling, aufgenommen und angemalt.
Den haben sie nicht totgeschlagen,
weil sie seinen Namen kannten,
weil er schön und laut sang,
gebenedeit seist du Maria.
So war er einer der ihren.
Ein weißer schwarzer Muslim.

Ich wünsche mir eine langsame Zeit.
Eine Zeit, in der ich die Sekunden zähle,
den Regen trinke und die Augen offen bleiben.
Die Sprache des Betrugs habe ich verlernt,
ich setze Buchstabe an Buchstabe.
Ich öffne meinen Mund. Ich verstehe
A dank. A dank! Ich bin Zuhause,
aber nicht in der Gass und nicht
Daheim. Ich esse keinen gefillten Fisch.
Ich schweige und lache und schreibe
mich auf, ohne Punkt und Komma.
Viele Blätter in alten Koffern versteckt.
Viele Hefte in neuen Kisten verräumt.
Menachem verschreibt sich nie mehr.

Ich wünsche mir keinen,
der zweihundert Brezeln
abkauft und mich mit einem leeren Korb
sitzen läßt, ohne Wörter. Ich
wünsche mir einen, der mit
seinen Schritten, die Landschaften abmißt.
Die von gestern, die ich kenne,
die von morgen, in denen ich lebe.

Ich wünsche mir, daß die Grimmigen lächeln
und die immer Freundlichen Schimpfwörter lernen.
Ich wünsche mir einen kleinen Bruder
und eine große Schwester, die beide
an einem Ort wohnen. Zuhause
und Daheim, in ihrer Straße. Und
die Nachbarn grüßen. Ohne Ausnahme
und jeden Tag. Ohne Nachrede und Übelwollen.
Ich wünsche mir eine Reise nach Haifa
und einen Garten in der Wüste,
einen Orangenhain und einen blühenden
Pflaumenbaum, beide an einem Ort wachsend.
Ich wünsche mir keine alten Männer,
die mir befehlen und keine alten Frauen,
die mein Leben, meine Zeichen weissagen,
weil sie nichts wissen von der Welt.

Ich wünsche mir die Lügen und Märchen
aller Lügnerinnen und Daheimgebliebenen
und daß ich mich nicht herausrede
aus den Wahrheiten, die ich nicht kenne.
Daß ich meine Worte bedenke und lächle.

Ich wünsche mir den Piazolla rückwärts und
Ernst Busch laut singend in meinem Schloßhof,
daß keiner mehr lacht und alle feiern.
Brecht ein Brot und streut Salz.
Was nehme ich mich groß und was
sagt wer über wen. Wünsche ich mir Gutreden.
Ich wünsche mir das Blaue vom Himmel herunter.

Ich wünsche mir die Häuser ohne Mieten,
die Zinsen auf Null und das Ende
der Betrügereien. Genug Geld, aber
wieviel ist genug und genügsam und reichlich
gemessen bemessen an wieviel Geld
im Besitz der Banker und Händler.
Die Bosse schieben mir lächelnd
Kleingeld zu. Großzügig sind sie
nie ohne schlechte Absichten.
Ich wünsche mir die Bahnhöfe
ohne Züge und mich ohne Koffer.
Mein Leben als Hochzeit der Zeit.
Ohne Erbe und Eltern, mit Eltern
und den alten Geschichten. Erzählt!

Die Ewigkeit muß ich nicht erleben,
meine Zeit feiere ich tanzend um den leeren Tisch.
Dreimal läuten die Glocken den Abend ein,
dreimal gehe ich ums Haus, erkenne
mich nicht wieder, verschließe die Tür.
Der Schlüssel paßt, mein Blick nicht.
Der Sommer ist alt, mein Wortbruch kein Text.
Ich breche mir das Wort
entzwei, also halte ich es niemals.

Ich wünsche mir deinen Traum und
daß ich ihn lebte ohne zu träumen
und aufzuwachen. Ich singe
laut in deinem dunklen Keller.

Ich wünsche mir Schlittschuhe fliegend
übers Eis, daß mein Tag kommt,
vertraut ist die Fremde und
ich bin zu Hause. Die Fische sprechen
und die Vögel jagen die Katze.
Ich wünsche mir meine Zeit
und keinen Preis für die Worte.

Ich wünsche mir den Sommer und keinen Tag
im März. Limonen und Hitze, keine alten
Geschichten und keinen ersten Kuß
geküßt. Ich wünsche mir die Heimat
in der Fremde und die Prinzessin und
den schwarzen König in meinem Bett.
Ich wünsche mir die Callas laut singend
in den siebten Hinterhöfen und die
Erinnerung an das blaue Meer
in der Bucht von St. Pabu.
Ich wünsche mich nicht neben mir.

Kann sein

Die Zeit ist beherrscht, der Text verborgen.
Ich bin nicht die Erste, die atmet und
nicht die Letzte, die aufschreibt.

Kann sein, daß ich rede und hoffe,
daß Wunder geschehen. Kann sein,
daß ich englisch träume, deutsch schreibe und
in keiner Sprache mehr rede, weil nichts sein kann.

Kann sein, daß ich an vielen Tagen
versinke in meinen Fußstapfen
und meine eigenen Kreise störe.
Kann sein, daß ich weine.
Kann sein, daß ich dich täusche.
Kann sein, daß ich mich täusche und
deshalb dir Geschichten erzähle.

Kann sein, daß ich lache, mich auslache,
verschenke, was ich nicht habe und nehme,
was niemand will. Ich auch nicht.
Kann sein, daß ich nach Hause gehe und
Katzenmann und Katzenfrau die Türe mir öffnen.
Guten Tag, sagen sie, niemand zu Hause,
du nicht und wir nicht. Kann sein,
daß ich dann still bin.

Gabriele Stötzer

geboren 1953 in Erfurt, 1977 wegen Biermanns Ausbürgerung ein Jahr Knast, 1992 Rehabilitation
1991 Gründung des Vereins Kunsthaus Erfurt
Arbeitsgebiete: Lyrik, Prosa
zügel los, 1989
grenzen los fremd, 1992
erfurter roulette, 1996

Jutta Heinrich

geboren 1940, lebt in Hamburg
Arbeitsgebiete: Roman, Prosa, Theaterstück, Essay, Rundfunkbeiträge
Alles ist Körper, Fischer Tb, Frankfurt 1991
Im Revier der Worte, Fischer Verlag, Frankfurt 1994

Gabriele Stötzer
die möglichkeit der sprache in und nach einem totalitären system

schriftstellerin zu werden oder zu schreiben war ein kindergedanke von mir der mit spielen und lesen zusammenhängt und mit märchenhören oder sich verzaubern lassen von liedern deren worte man nicht versteht

aber kinderwünsche verdrängen und vergessen sich und kommen erst wieder zum vorschein wenn sich überlagerte realistationsverhältnisse plötzlich als absurd darstellen was eben dieser scheinbar normale erwachsenwerdensprozeß vorher umgekehrt mit den eignen innersten wünschen tat

das absurde ist ein realer zustand und kein imaginärer absurd ist am rand vorher einfach habbarer möglichkeiten zu stehen und diese nicht ergreifen zu können

der entzug des normalen das plötzlich nachdem es beschimpft und verwünscht worden ist wirklich nicht mehr normal ist und sich als das unnormale entpuppt

somit meine ich daß das absurde immer eine beschworene herbeigerufene besprochene sache ist das alles was wir reden und so ist das wissen über anderes auch für jeden einzelnen absurd wenn es sich an ihm persönlich vollzieht weil es das nichtwissen ablöst

es ist absurd eines tages selbst nicht mehr kind zu sein alter spüren zu lernen es ist absurd irgendwo im ausland sich als deutsche zu fühlen überhaupt deutsch außerhalb der schulbücher und der eingefleischten straßen zu sprechen und sprechen zu hören es ist absurd plötzlich sich für sich einsetzen zu müssen es ist absurd plötzlich mitten in der sonne auf einer warmen straße im wohlfühlen mitten hinein einen gedanken zu spüren der das ganze bisherige leben durcheinanderbringt

als ich es geschafft habe in erfurt studentin zu werden dachte ich im optimistischen glauben nun wäre es an der zeit etwas eigenes zu tun wir spielten in der studentenbühne majakowskis wanze und ein freund und ich schrieben daraus ein drehbuch

und ich schrieb weiter stücke und dachte mir handlungen aus die immer glatt weitergingen und trotzdem einmal mitten in einen schönen frühlingstag hinein als ich mir den text noch einmal durch dachte wußte ich daß dieses weitergehen im stück abgeschrieben war von den großen vorgängern

ich weiß nicht ob ich das wort plagiat dachte doch es schiebt sich heute in mein bewußtsein was ich damals spürte war ein sehr schamvoller moment ich schämte mich etwas in die welt gesetzt zu haben wovon ich eigentlich nichts verstand was ich gar nicht wußte was ich gar nicht verantworten konnte und ich hörte sofort auf weiterzuschreiben

danach inszenierte sich unsere exmatrikulation danach kamen die großen plätze gericht knast wende westen

was ich sagen will mit dem schreiben in einem totalitären system ist daß sich die ideologie wie ein roter leitfaden durch das leben zieht mit begrüßungsritualen mit empfängen mit gutem essen mit erfolg mit männern mit lob mit glück mit sonne mit dem schein von wahrheit das es alles so ist wie es ist der schein bewahrheitet sich weil man an der oberfläche bleibt ich hätte diesem denken folgen können aber mich hat dieser kindergedanke gebrochen dieser eine moment scham als ich vor meiner dichtung stand und nicht wußte wie es wirklich weitergeht ich spürte nur den roten faden in meinem mund und der zog mich irgendwohin und der legte sich um meinen hals und der hätte mich auch gern erdrosselt wenn ich nicht seiner richtung folgte

danach ging es wie die worte hießen die sie sich sagten um ihr system aufrechtzuhalten:

bewährung in der produktion dreischichtsystem schuhfabrik aus eigeninitiative galerie filme fotos immer alles selbst gemacht und selbst finanziert und die darstellerinnen immer selbst aus nähe und freundschaft in gegenseitige abhängigkeit gebracht um mit ihnen etwas zu tun

das schreiben kam dann wieder 1977 als ein inneres versprechen im knast und 1980 als beschluß aufzuhören zu arbeiten um geld zu verdienen und 3 jahre nach dem schock der armut und des verfolgtseins etwa 1983 daß ich wirklich schrieb ich schien zwar im abseits aber es war eine verantwortliche position meinem kinderwunsch entsprechend ich hatte mich im leben reduziert auf das was ich wirklich verantwortlich haben wollte und was ich ohne hilfe andere verdienen konnte ich webte und strickte damals mit schafwolle

einmal wohnte ich in berlin bei einer freundin der ich half ihre wohnung zu tapezieren sie wachte immer fluchend mit wecker auf das kind schrie mußte in den kindergarten sie schnell auf arbeit das waren momente denen ich mich nie wieder ausliefern wollte wecker klingelnd aufstehen im dunkeln fluchend zur arbeit rennen und aus dieser situation um nicht wieder zurückzufallen schwankend und fast bewußtlos schrieb ich mein erstes stück ... gib mir einen tag von diesem land *

ich wußte sofort daß das literatur war es war übrigens ein ebensolcher schock wie damals an der hochschule als ich erkannte das das keine literatur war dieses hatte eine qualität und gab mir das was ich brauchte eine aussage über mich hinaus eine vision ich habe weiter immer so geschrieben in verzweifelten situationen und qualvollen hinterfragungen und auch das nichtstun ist eine große verzweiflung wie die langeweile auch ich schrieb bis ich weiterwußte etwas mehr wußte vom leben wie alles verwoben war und zusammenhing

dann kam die sprache selbst sie verworr sich in mir sie sprach sich selber sie neckte mich sie verschlang sich: (singen)

... superlatschifangu tapiu
ephraliguonto epa.. ***

es waren geschichten die ich nachdem ich sie aufgeschrieben hatte gleich wieder vergaß althochdeutsche sprachfetzen richteten sich auf wie eine lanze:

... haron et horun
ni sanktum ketrorum...*

und es führte mich wieder ins grab was ich nicht wollte ich verließ diese sprache und paßte auf daß die todesgedanken und die unkensprache nicht wieder macht über mich bekamen ich haderte mit der sprache hier fing mein bewußter gestaltungswille an ich spielte mit ihr die mit mir spielte ich rang ihr sachen ab die ich wollte vielleicht ist das das was man experimentelle sprache nennt ich wollte sie dazu bringen das zu sagen was ich brauchte was mich nicht brauchbar machte für andere:

... früh stück ...**

ich wollte ihrer linearen ordnung entrinnen *spo aoz*

so wie eine ideologie immer eine fläche ist wie die erde früher als scheibe gehandelt wurde wo sich nur die darauf stehenden spiegeln

die kraft in einem totalitären staat ist sich ihrer totalitären logik zu entziehen

ich weiß nicht ob ich mich verkroch in die anderen räume knast untergrund prenzlauerbergszene punkszene frauengruppe immer hatte ich aber ein mittel mir ein eigenes erlebnisfeld zu schaffen die mich zu eigenem spüren brachte zu eigenen urteilen zu mit meinem lebenswillen gebrochenen aussagen:

in der dunkelheit meiner träume
in der dunkelheit meiner befangenheit
ich ziehe die decke über mich nachte mich ein niste mich ein in meine gedanken
weg von den bildern weg von den tönen stecke die finger in die ohren
in meine zukunftsgedanken in meine zu erschaffens-welt
in meine traurigkeit der nacht
habe ich einmal die decke über mich gezogen drei

monate lang im knast als es nicht mehr so verboten war wie in der u-haft
wo die hände immer sichtbar außen liegen mußten und mein gesicht immer nackt dem aufpaßlicht entgegensah
im knast erledigt vom schichtsystem
erledigt von der häßlichkeit der architektur
erledigt von den verlorenen gesichtern 1000 und eine nachtgleich wie die menschen mit den tierköpfen gerädert geächtet gezeichnet sind durch ihre tat
drei monate verschwand ich unter der decke drei monate trauerte ich drei monate bin ich dir treu geblieben du welt da draußen die mich verstoßen hatte
drei monate sah ich nicht rechts nicht links
drei monate dann war ich der scham gewachsen eine ausgestoßene ganz gewöhnliche knastologin zu sein
drei monate war ich deinen briefen treu in denen kein einzigstes liebeswort stand wie abgesprochen daß es doch unser geheimnis sei
jedes liebeswort geheimcode
drei monate hast du mich betrogen in anderer votzen lecksprache apostrophiert
drei monate – keine angst ich wußte nichts
unter der decke strafen wahnsinn ekstasen des entzugs drei monate lag ich davon neben mir regten sie sich
nach drei monaten setzte ich mich das erste mal zu ihnen und merkte mir ihre gesichter
nach drei monaten bekamen sie namen tätowierungen schicksale drei monate war ich dir untreuem treu
dann begannen die mutproben und die festigkeitsrituale

dann lernte ich eine sprache und die triebe eines meines anderen geschlechts

unter der dunklen decke meiner betrogenenkammer sind sie mir nah in den nächten verfügbar

immer wenn ich wegwill ziehe ich mir die decke über den kopf wenn ich fühlen will mache ich die augen zu...***

vielleicht sind die anderen räume aber auch nur ein bild vor dem was für mich aus meiner kindheit eines der größten tabus war mein eigener raum

...ich streiche am abhang der worte herunter...**

politisch sollte im sozialismus das privateigentum aufgelöst werden was hieß das es nichts privates mehr gab auch den eigenen körper nicht auch die eigenen bedürfnisse nicht auch die eigenen zweifel nicht auch die eigene berufswahl nicht

wenn das nichts das eigentlich sinnvolle ist ist das haben eine schuld das war die schwierigkeit die verwaltung des eignen das es eigentlich nicht geben durfte

ich konnte mit dem haben nicht umgehen geschweige denn aus dem haben heraus denken oder mit dem haben wünsche vorstellungen figuren in den raum setzen oder den raum um mich gestalten

und das ist die eigentliche lehre aus dem ganzen tohuwabohu daß solange ich meinen eigenen raum mich als frau nicht annahm ansah nutzte ich immer das opfer einer zertrümmernden verständnislosen außenwelt war die ich lange in meiner prosa antipodisch männlich nannte

aber nachdem ein totalitäres system sich der körper bemächtigt bemächtigt es sich auch der gedanken der körper und auch der ideen dieser körper und dann weiter auch aller ideen und aller körper in allen zeiten

was mir an der hochschule begegnete als ich feststellte daß ich über keine eigenen figuren verfügte und keine eigenen handlungen war das unausgesprochene wissen daß alle körper hier unfrei sind die handlungen unfrei sind das ich unfrei bin

und diese erkenntnis an einem schönen sonnentag hat mich so zurückgestoßen schockiert daß ich mich strafte dafür strafte für das schweigen meiner eltern und für das schweigen meiner dozenten und für das schweigen meines mannes und für das schweigen der freundinnen

es war ein bruch mit der sprache die das schweigen fortsetzte mit dem unvermögen mich umzubringen in ihrem system der verschiedenen sprachen und schweigen und oberflächen und nähen erkannte ich auch das peinlichste daß ich unfrei bin durch mich daß ich entsprossen diesem system umklammert bin von ihrem bild der nähe verraten bin mit der ähnlichkeit mit meinen eltern mit dem wissen um die deutsche sprache mit den gefühlen meiner generation und mit der rebellion meines geschlechts

es galt in der nähe die unfreien umklammerungen zu lösen

dieses große schauspiel wende das uns von einem deutschland zu einem andern geführt hat hat uns nicht aus der zeitgleichheit der deutschen geführt der deutschen vergangenheit es ermöglicht mir eine größere differenzierung der anknüpfungspunkte

einen höheren schwierigkeitsgrad mit meinem geist umzugehen mit meinem geschlecht umzugehen

die bilder in einem totalitären staat vergröbern sich erst unmerklich und dann verelenden sie immer mehr der proletarische weg der befreiung hat mich viel arbeit gekostet ich schrieb im august 1992
... warum geht wischen auf die nerven aber leicht von der hand schreiben geht schwer von der hand aber pflegt die nerven gepflegtes denken pflegt denken...***

langsam denke ich daß dieser proletarische realismus der den weg der befreiung mit mittelalterlichen bildern wie mit robin hood und d'artagnan verbindet

der den degen das gewehr das töten egal um welches recht den betrug das häßliche dreckige sibirien knast kz als befreiungselemente aufdrängt vergangenheit ist

die zukunft ist für mich das finden eleganter intelligenter bilder neuer bilder die andere bewegungen und körperliche schönheiten mit sich bringen die worte anders sich umschlingen lassen wie körper einen freien tanz erfinden der ihnen alle sprachen und melodien zugänglich macht das sprache die angstlogik überwindet

(performance in steigernder schreiform):)
... der schwarze mann ist gekommen
der schwarze mann ist gekommen
der schwarze mann ist gekommen
der schwarze mann ist gekommen
der schwarze mann ist gekommen
der schwarze mann ist gekommen
der schwarze mann ist gekommen

der schwarze mann ist gekommen
und: (ruhig)
ich habe ihn nicht genommen

* aus dem buch zügel los, aufbau verlag 1989, s. 17
** aus dem buch grenzen los fremd gehen, janus verlag 1992
*** unveröff. text

Jutta Heinrich
Ästhetik und Macht – Die Schnelligkeit (Metamorphosen) Utopie Mythos

Nicht nur, weil ich eine Künstlerin bin – und damit weiblich –, habe ich ein höchst ambivalentes und doch erregtes Verhältnis zu dem, was im weitesten und im engsten Sinne mit Ästhetik zu tun hat.

Die Ahnung, daß sich hinter der Festung einer Ästhetik nicht nur der Hohn aller Bemühungen versteckt hält, sondern daß hinter der Totenmaske des Ästhetischen der Sprengstoff Lebendigkeit ums Überleben ringt, hat mich immer angezogen und aufgerufen.

Insofern ist die ästhetische Vollendung auch immer der Versuch, der getöteten und in Form, Zwang und Schönheit überführten Erkenntnis eine künstliche Art der Intensität zu inkorporieren, die ich als das Zucken, das Beben der Leere benennen will. Nie hat mich das Empfinden verlassen, warum ich im staunenden Erkennen und Erfahren von streng ästhetischen Kunstwerken, insbesondere der Literatur, gezwungen bin, eine Art masochistische Sinnlichkeit in mir zu entdecken. Meinen darunter lauernden Argwohn würde ich als ganz und gar physiologische Skepsis, als das Zweifeln meiner Sinne bezeichnen.

Die Sehnsucht nach dem strengen und aufgeladenen Ästhetischen, die bei mir durchaus vorhanden ist, mag damit zu tun haben, daß ich das Ästhetische auch als eine

Dienerin der Macht denunziere und gleichzeitig benutzen kann. Das Hermetische, formvoll Verschlossene ist es, das mir Höhe und Schutz verleihen kann, um aus der gemeinen Geworfenheit zu entfliehen, ein Geschlecht besitzen und gar eines, das nie und nimmer in die eisigen gekrönten Höhen, ins Olympische Leuchten des Erhabenen, des Vollkommenen, des Genuinen aufgenommen wird allein durch die Erschaffung eines ästhetischen Entwurfes.

Würde ich aber auf Dauer und konsequent furchtsam einen schützenden Unterstand im anerkannt Ästhetischen wirklich schaffen, müßte ich mir aber die Frage stellen: Wie weit bist du mit der Wahrnehmung der Unwirklichkeit vorangekommen? Bestünde ich auf der Disziplin einer Ästhetik, nämlich, eine Fundamentalveränderung des Erkennens durchsichtig zu machen, bestätigte ich kaum mehr als meinen rechtens bestehenden und damit fortschreitenden Ausschluß. Die Kultur leidet überwiegend an Wiederholungen, Wiederholungen der Wiederholungen, sie betäubt das Erkennen mittels der Form und trennt ab wie die Sehnsucht von der Erfülltheit. Auf der permanenten Suche nach Erklärungen, warum die mich umstellende anerkannte, gebrauchshaft immer anwendbare Ästhetik gleichermaßen reizt wie abschreckt, bin ich auf den Mangel, das Fehlen innerhalb der Strukturen, der Werke aufmerksam geworden, nämlich, daß in den strengsten und gelungensten Zeugnissen einer überkommenen und kanonischen Ästhetik die Angst vor dem Tod, der Überlebenswille fast bis an dessen Stelle tritt. Was den Künstler antreibt, ist die Verfolgung der Angst vor der Sterblichkeit. Diese dadurch erzwungene emotionslose Neugier bietet Schutz und Ersatz; eine scheinbare Verfügbarkeit der Welt und das Gefühl der Macht bilden ein Aphrodisiakum aus, das die Lebendigkeit im Extrakt ersetzt.

Elisabeth Bronfen sagt: „Der Künstler tötet Materie und Erfahrung, indem er sie in die Kunst übersetzt." Diese klaffende, dennoch nicht zu beruhigende Urwunde der Vergänglichkeit und damit die Verleugnung einer Abhängigkeit wird in Ästhetik verwandelt.

Die Schönheit, das sedierte Staunen, das gleichermaßen aus dem Mangel herausspringt, ist wiederum so kalt geschlagen, perfekt geschmiedet, daß Perfektion zumindest eine Ab-Dichtung dieser Urwunde garantiert.

Und wenn Adorno sagt, daß jedes Kunstwerk eine abgerungene Bluttat ist, dann kann er nur meinen, daß die Bluttat auf pervertierte Weise der Versuch ist, den Tod, die Vergänglich- und Vergeblichkeit zu ermorden, um nicht den Mord am Leben zu erleiden.

Künstlerinnen sind vom Gegenteil bedroht, den untoten Toden, einer umschlingenden Aura des Nichtvorhandenseins, daß sie nur gezwungen bleiben, den Mangel der Entschwundenheit damit zu füllen, indem sie den ästhetischen Resultaten eben die Seinsfülle, eine Lebendigkeit, das Leben einzuhauchen.

Ein Versuch einer Wiedergeburt, die allerdings jäh und im krassen Gegensatz steht zu den Abbildungen einer Ästhetik, die aus der Sterblichkeitsangst Macht evolviert und auf die sich der Diskurs bezieht.

Damit bestätigt aber auch die Kunst von Frauen geradezu das, was als Postulat und heimliche Inschrift über dem Diskurs des allgemeinen Ästhetischen eingeschrieben ist: daß sie umso überflüssiger wird, je notwendiger sie für die Wahrnehmung ist.

Dieses Patt letztlich aller Künstlerinnen versuche ich in eine Überlebenschance zu verwandeln, indem ich mein gesamtes Leben in seiner ganzen Notdürftigkeit als Kunstwerk und als einen Kunstwillen betrachte, eine Kunstanstrengung, die aus der Intensität, mit dem Verschwinden im Wettlauf zu stehen, ihre Kraft bezieht.

Selbst das wunderbar offene Eingeständnis von Cioran: „Wie alle Bilderstürmer habe ich meine Götzenbilder nur deshalb zerschlagen, um mich vor ihren Scherben hinzuknien", kann für mich keine Nachahmung oder Übertragung möglich machen, denn die Bilder, die es zu stürmen gilt, sind meine nicht, sind geradezu das Grab, eine monumentale Wirklichkeit, ein dramatischer Überschreitungswille, dem das Weibliche als reizvolle Leiche zum Opfer gefallen ist.

Als ein Bilderbuchbeispiel für die vermessene Überschreitung mag eine Inschrift auf einem Denkmal in Hamburg sein: „Und wenn wir sterben müssen, wir werden leben!"

Eine allgemeingültige abendländische Schöpferhybris, deren Agens die Angst vor dem Tod ist, hat aber auch gleich zwei elementare Möglichkeiten des künstlerischen Rasens eröffnet: einmal die Schrift, die Ästhetik, die Schönheit, welche die Urwunde ins Schweigen bringt und zum Zweiten eine Macht hervorbringt, wie Bataille schreibt: „...eine Macht sich konstituiert, indem sie den Tod, seine eisige Vollkommenheit, seine zwingende Notwendigkeit sklavisch nachzuahmen versucht. Die dauernde Gegenwart des Todes wird zum organisierenden Prinzip innerhalb der Gesellschaft."
Da nur der Krieg oder die Drohung des Krieges diese per-

vertierte Form der Verdrängung des Todes auf einer ganz heißen Ebene möglich macht, ist er nun, auch ohne faktischen Krieg, manifest in Film, Literatur, in den Kunsterzeugnissen, selbst in einer gestylten Realität so anwesend, daß allein die permanente Todeserschreckung die Leistung der Verdrängung abdichtet, obwohl und gerade weil sie so offen geheimnislos und gewaltvoll daherkommt.

Wenn Cioran sagt: „...daß es erschreckend sei, sich vorzustellen, wie wenig von den Leiden der Menschheit in die Philosophie eingedrungen sei...", dann ist weiterzuführen, daß Nietzsche, der die epistemische Ästhetik radikalisierte, davon ausging, daß Wirklichkeit grundsätzlich gemacht ist, und weiter darlegte, wie diese Wirklichkeit mit fiktionalen Mitteln arbeitet: durch Anschauungsformen, Grundbilder, Leitmetaphern und Phantasmen. Und er schreibt: „Man darf hier den Menschen wohl bewundern als ein gewaltiges Baugenie, dem auf beweglichen Fundamenten und gleichsam fließendem Wasser das Auftürmen eines unendlich komplizierten Begriffsdomes gelingt; freilich, um auf solchen Fundamenten Halt zu finden, muß es ein Bau wie auf Spinnfäden sein, so zart, um von der Welt mit fortgetragen, so fest, um nicht von dem Winde auseinander geblasen zu werden."

Das Spinngeweb, von dem Nietzsche schreibt, ist nun aber gerade der erfürchtete Inbegriff von Ereignissen, eine Anhäufung von Irrtümern, die Anwesenheit von Unewigem, der Einbruch der individuellen Erfahrung, die fortdauernd damit beschäftigt ist, unsere Belanglosigkeit zu entlarven, so daß es den überlebensgierigen Baumeistern

Solness (Ibsen) nur zugute kommt, daß sich ein Endsieg über die Realität mittels einer Technisierung immer schneller und digitaler einschreiben läßt.

Konnten sich die Künstler vordem noch als Rebellen im Abstrakten, als Sieger über das Brachland Leben fühlen und mitten im Taumel der Überwältigung, der Domestizierung die Nähe des Todesgeruches vergessen, so eröffnet sich nun eine kalte, durchkonzipierte Welt: die Klonung des Realen, in der nicht nur die Absolutheit, den Tod besiegt zu haben, sondern die durchgestylte, vernetzte, herrlich schöne Gigantonomie gleichzeitig das Gesamtkunstwerk, das „Luxusbauwerk des Scheiterns" ist.

Die blendende Faszination aber, die von diesen selbsterzeugten und sich selbst erzeugenden Artefakten und Kunst-Welten ausgeht, obwohl wir durch sie entbehrlich werden, liegt darin, daß im überwältigenden Ästhetischen, vor dessen Schönheit wir Einlaß erflehen, sich eine spezifische Art der Unterwerfung ausprägt, die im Kern die ins Künstliche verjagte Todesangst so steigert, daß wir das uns Verschlingende bewundern.

Withold Gombrowicz schrieb 1963 auf einer Reise durch das reiche geteilte Deutschland: „Während meines ganzen Aufenthaltes in Berlin ist mir nicht ein einziger Goethe, Hegel, Beethoven in den Sinn gekommen, nicht einmal etwas, was auch nur entfernt an sie erinnert hätte. Es fehlt sicher nicht an ausgezeichneten technischen Talenten, aber Genialität - jene geistige - flieht aus den Menschen in das Produkt, in die Maschinen, spielt mit dem Gesurr der Transmissionsriemen, dort sind sie genial – außerhalb ihrer selbst."

Es ist richtig, daß sich die Kunst, die Künstler – zumal

in der Postmoderne – dem Widerstreit, einer Vielfältigkeit des Konfliktes annehmen, aber selbst wenn sie, was einer zeitgemäßen Ästhetik angemessen ist, alle symbolischen Ordnungen in Schutt und Asche legen, so tun sie dieses doch mit dem Kopf, der eingeschlossen ist in einen anderen Kopf, angeschlossen an das Hirn in wieder einem anderen Kopf, der Kopf ist niemals einzig, immer vervielfacht, ein Kopf aus einer Enthauptung vom Leib, verkopfte Köpfe aus Verkopfungen – immerfort und ohne Unterlaß denkend, erfindend, philosophierend, erkenntnisgierig, um immerfort und fortdauernd dieselben zu bleiben. Klaus Theweleit versucht in seinem aufreizend umbauenden Buch „Das Buch der Könige" nachzuvollziehen, daß es eben genau jene Gewißheit ist, unanfechtbar unverwandelbar zu sein, welche die männlichen Künstler hinaustreibt auf das Minenfeld des Bösen, in die heldendischen Stürme wilder Verzweiflungen oder nur auf das Sofa, wo sie vollgestopft mit Beleidigungen der Welt unverwandelt eine Weile verharren.

Mythos Utopie

Seit nunmehr 15 Jahren trage ich ein Bild in mir, welches ich als eine ästhetische Imagination, einen Einbruch und eine Energieüberfrachtung erlebte, daß dieses Bild im Laufe der ganzen Jahre Information, Erkenntnis und Tiefengeheimnis freigegeben hat.

Es lagerte in den Nischen eines Untergrundes und rüttelte an den Festen von etwas Unausdrückbarem. Und wenn auch Lyotard als Apriori festhält, daß dieses Jetzt, eine expressive Plötzlichkeit, dem Bewußtsein unbekannt bliebe, so hat dieses Jetzt in sich und durch die Erlebende ein ekstatisches Nachbeben, das gleich einer internen Lichtquelle Strahlungen aussendet.

Es war an einem der wunderschönen Sonntage an der Nordsee. Ein hoher blauer Himmel ruhte über dem unendlichen weißen Sand, die Hitze lagerte als wohlige Schläfrigkeit, und selbst sie glitzernde und wogende Ferne schien die Eintracht des Ausschnittes so zu vertiefen, daß sich eine verhalten freudvolle Friedlichkeit einstellt, die selbst die Banalität der nackten und Kartoffelsalat essenden Körper in liebevoll Menschliches verwandelte.

Aber plötzlich schoß aus diesem stoisch heiteren Himmel ein Überschallflugzeug aus dem Ungesehenen, schoß wie aus einem Punkt einer unbekannten Explosion heraus, riß die in Panik aufspringenden Menschen mit sich, die unter dem Explosionskessel des Knalls gehalten in Zeitlupe standen, um dann erschreckt sich auf den Boden zu werfen, zu schreien oder sich die Ohren zuzuhalten.

Als die bombardierende Gewalt des Überschalls die Menschen traf, dem metallisch-düsteren Flugkörper hinterhereilte, sah man das blitzende Ungetüm schon von hinten, das nun in einer fürchterlichen Stille verschwand.

Ich stand und sah es auf mich zukommen, unfähig zu reagieren, der Schall, der Knall, das Überfliegen rissen mich so mit, daß ich mich, so meine ich, derartig aufgeschreckt mit nach hinten beugte, daß ich beinahe das Gleichgewicht verloren hätte. Es durchraste mich schutzlos und hinterließ mich mit einem solchen Herzklopfen und einer so ungekannten Erregung, daß ich danach wie betäubt auf dem Boden lag und doch sofort die Reaktion der Menschen um mich herum wie zur Stillung wahrnahm.

Die unbegreifbare schockartige Plötzlich- und Schnelligkeit verwüstete nicht nur den Himmel, das Vertrauen zum Blau, zur Sonne, zur Meeresbewegung, alles Atmosphärische, sondern vor allem die Menschen in einer Art, daß sich im Schweif des Getöses die Reaktionen zeigten, die ich als Kulturatavismen zu bezeichnen geneigt bin.

Denn selbst in dieser überwältigenden Geschwindigkeit, von der man annehmen möchte, daß sie nichts als Ratlosigkeit und Entwurzelung hinterläßt, signalisierte sich auf unfaßbare und doch so sichtbare Weise ein pathetisches Regredieren, das unmöglich nicht als Geschlechtereingeschriebenheit und -pein zu empfinden war. Es dauerte keine zehn Sekunden, da standen beinahe alle nackten Männer wieder auf, die Hand schützend vor dem getrogenen Auge, aber scharf und kennerreich den Knall und das Gigantische ins zitternde Blau verfolgend.

Sie standen gleich Feldherren, wenn auch nackt und teils mit aufgerichtetem Glied, genau in Form und Haltung eines Beobachtungspostens, der eben zwar gerade geneppt und überfahren worden war, der aber schon deswegen nicht in Hilflosigkeit verfallen konnte, weil das Ungeheure, das Überschreitende und erfunden Unglaubliche durch ihre Augen hindurch, durch ihr Nachbegreifen hindurch, wieder gigantisch von der Weite aufgenommen wurde und entschwand, sie aber heftig und auf eingeschworene Weise zu Schöpfern, zu Demiurgen machte.

Das Aufschießen und Verschwinden und gleichermaßen der Einbruch und die Niederkunft dieser beeindruckenden Technik, der Schock lähmte die Männer nicht, denn sie wurden beinahe in derselben Geschwindigkeit ein Teil dieser Gigantonomie, die die Natur und ihren zauberhaften Einklang in Lächerlichkeit zurückließ.

Selbst in der Zeitlupe des Nachbebens verdeutlichte sich die überbordende, im Körper unaushaltbare Aktualität der Potenz in so peinsamen, besserwisserischen Hilfsgesten, daß die Nacktheit nun so wirkte, als hätte die Gewalt des Knalls ihnen die Kleider weggefetzt.

Fast alle Frauen, die immer noch mit abgekehrtem Gesicht auf dem Boden lagen, schienen den Einfall, die Zerstörung innen wie außen ausschließlich als unzumutbare Gewaltanwendung erlebt zu haben. Eine Frau rannte wild und entstellt ans Wasser und wollte ihr Kind retten, das im eben noch Wonnevollen und Seichten aufrecht saß – und schrie. Die Frau packte ihr Kind auf derartig beleidigte und unauslöschlich verärgerte Weise, daß es wirkte, als habe das Kind an diesem plötzlichen Krieg aus dem himmlischen Blau schuld.

Danach saß sie ratlos in der vormals heimeligen Sandburg und begrub das Kind unter dem großen Busen, während sie ihren Mann suchte, der aber jetzt in einem Kreis aus lauter Fachkundigen stand und wichtig deutete und zeigte, jetzt Sachkundige, die vorher ihre Burg dazu benutzten, um Abstand zu halten.

Der Kreis der Männer verinnerlichte und barg ein Potenzaphrodisiakum, ein offen austretendes ekstatisches Nachbeben, das sich gerade in der Kraft zur Trennung und jäh einbrechenden Fremdheit zu ihren Frauen und Kindern manifestierte. Von der Männerrunde ging etwas weltbewegt Banales aus und von den Frauen eine solch abbildlich sich zeigende Verjagung in eine ihnen bekannte Ohnmacht, daß ich nur denken konnte, sie werden diesen Einbruch in die Natur mittels der perfekten Schöpfung niemals als Erregtheit empfinden, sondern als eine Art Kriegserlebnis, das sie zu Ertragenden macht, die sie schon immer sind.

Noch während sich in diesem vormals ungetrübten Blau ein diesiger Kondensstreifen ausbreitete, versuchten die Frauen den Wiederanschluß durch Essensangebote einzuleiten, wobei sie sich von Burg zu Burg mit den Bestecken in der Hand vergewisserten, daß sie der unbekannten Zumutung auf einzige und richtige Weise zu Leibe rückten.

Die Männer aber standen noch immer und unbeeindruckt in mentaler Verzückung, sahen und merkten nicht, daß sie heimkehren sollten, heim in den eben noch gewesenen Urlaub, heim in die Burg, zurück in die Idylle von Natur, die doch eben noch war, sich eben noch in der Vergangenheit einer Gegenwart so offenbart hatte, wie Aristoteles sagt: „als aufgehendes, Blühendes, das, was sich von selbst zeigt", wenn sich auch die Atmosphäre derartig verwandelt zeigte, daß die eben noch anwesende friedvolle Beiläufigkeit kaum mehr vorstellbar war.

Die Abtrennung der Männer von ihren Frauen geschah nicht absichtlich, nicht gewußt, es schien eher, daß sie ganz und gar verschwunden waren und eins wurden mit der Faszination dieses außernatürlichen Ereignisses, während die Abtrennung der Frauen darauf zielte, schon im Jetzt, noch im Bann der ungewußten und verdrängten Irritation fast obstinat die Wiederholung durch Taten und Gewohnheiten einzuleiten. Durch diesen penetranten

Versuch der Tilgung, eine hauswirtschaftliche Übereinkunft, die jede Beeindruckung ausschloß, entstand etwas Merkwürdiges, in der Atmosphäre stehendes, daß die Frauen nämlich durch sich selbst eine physisch-biologische Verunmöglichung inkarnierten. Sie beharrten auf einer Naturhaftigkeit, die doch eben durch die Aufregung einer Erschaffung zu Hohn wurde, die eben in ihrer trägen Langmütigkeit und Unvollendung schußartig zerrissen wurde, eben im Zentrum ihres naturhaften Körpers gesprengt und lächerlich gemacht wurde. Niemals ist mir in diesem Zusammenhang der Satz von Cioran in Vergessenheit geraten: „Indem die Natur den Menschen zuließ, hat sie viel mehr als einen Rechenfehler begangen: ein Attentat auf sich selbst."

Selbst Stunden später war dieser Rausch, jene Drüsenausschüttung und verzückte Selbsterhöhung in keiner Weise abgeklungen. Die Jungen trugen als erste immer wieder die Ringe des Bebens in die Bewegung. Wie auf ein geheimes Zeichen rannten sie ans zurückweichende Meer und imitierten den Einbruch des ungeheuren Artefaktes, das schon hinter einer erschütterten Stille längst in die Vergangenheit verschwunden war. Mit gebreiteten Schwingen, den Tatenandrang krebsrot im Gesicht und mit lauten Brumm- und Kreischgeräuschen rasten sie aneinander, gegeneinander und umeinander.

Die Väter begleiteten sie am langen Blick, mild und begreifend, während von den Frauen eine gedrosselte Gereiztheit ausging, die den übrigen Raum der Bewegung bloßstellte. Und als dann die Anstrengung größer wurde als der Trieb des ehemaligen Schubes, geschah es blitzschnell – und wiederum wie auf geheime Übereinstimmung, daß plötzlich kein Stock, kein Schirm, kein Schuh mehr verschont wurde, um nicht als Waffe zu dienen, aus jeder Burg und von jedem Sandberg, aus jedem Hinterhalt tönten die erschreckenden Schieß- und Tötungsbefehle. Es war mir unmöglich, nicht denken zu müssen, daß, wenn, just in diesem emphatischen Augenblick, jemand, eine Truppe aufgetaucht wäre, den Nackten Gewehre in die Hand gedrückt hätte, wie der Auslauf der übermäßigen Anfüllung in eine Erfüllungslüsternheit umgeschlagen wäre.

Ich begriff in Vagheit, daß ich teilhatte an einer Art ästhetischem Hologramm, in welchem das ganze Nacheinander von für-sich-seiender Natur, gigantisch Erschaffenem, das aus der Stille platzte, um das ästhetisch Übermächtige durch den Überschall, die Schnelligkeit zu begrenzen und gleichzeitig wüst aufzureißen.

Ja – scheinbar war es erst möglich, in der Schrecknische des Überschalls, der unbändigen Geschwindigkeit einen Pseudosinn, eine hybride Erregung, einen Fatalaufruf an falsch gepolte Kulturübereinkünfte bloßzulegen, ich war Zeuge einer Erbfolge des Dramas, daß der Mensch, in diesem Falle der Mann, der Junge, nur für sich erlebbar ist in der Überschreitung, in der er bewußtlos verschwindet, um als unglückliches Bewußtsein fortzuleben.

Ich habe mich gefürchtet und geekelt, nicht nur, weil das Faktische den Raum zerstörte und ihn mit einer düsteren Zukunft befrachtete, sondern auch, weil ich selbst nicht fähig war, mich dieser Anziehung, dieser Überwältigung, diesem Reiz der aufgetriebenen Sinne zu widersetzen. Habe ich nicht deswegen so voyeuristisch beobachtet, weil ich nach einer Erklärung suchte, wieso ich derartigen gleichrangigen Anstürmen ausgesetzt war, ohne daß ich mich diesen hingab oder nachgegeben hätte? Vielmehr war es so, daß ich augenblicklich erfaßte, daß mich dieses Innewerden eines völlig erschütternden Augenblicks auch und gleichfalls in der Tiefe der Überwältigung als den Ausbruch, das Zurückgeworfenwerden auf die metaphysische Ahnung, das immer Vorhandensein eines Urschmerzes zurückwarf. Und wenn Cioran sagt: „Über jedem steht die Drohung, in seine Ausgangslage zurückzufallen“, dann bedeutet das, erinnert zu werden, daß die ganze Lebenszukunft das Sterben ist, unerträglich virulent gemacht durch die endlose und entfesselte Belanglosigkeit. Meine Zügelung hielt einzig, weil sie mich zwang, unterstützt von der Muße, die das Innerste veredelte, mich zu keiner Ausdrucksform herabzulassen. Der Ekel mag darin bestanden haben, daß ich langsam begriff, daß ich in dem übermächtig Erschaffenen, der beinahe heiligen Technik, die in den Raum brach, eine ähnliche Verirrung empfinden konnte, eine Art Überlebensdosis, die ins Zittern geriet und mich verriet.

Immer wieder hat das Bild die Frage wachgerufen, ob die Frauen die Farce einer Kontinuität nur spielten oder ob sie, im Gegensatz zu mir, im Gegensatz zu den Männern, diesem unaushaltbarem Dämmern einer Belanglosigkeit, weniger ausgesetzt sind. Und hatten sie nicht ihre Kinder, die vielleicht einzig wahre Überschreitung und Stillung der Belanglosigkeit, bei sich?

Die verräterische Erregung der Männer und Jungen bestand nicht nur darin, daß sie die gesamte Physis besetzt hielt, sondern ich verfolgte wie in einem Labor den grundlegenden Aufbau des anmaßenden, nicht authentischen Geistes. Nicht von ungefähr und nicht allein einer überschießenden Phantasie zuzuschreiben, schob sich ein zweites Bild vor meine Augen: wie urplötzlich und ebenso aus heiterem Himmel auf den nackten Häuten Wundstellen aufbrechen, aus denen Tierhaare wachsen, die sich schnell miteinander verbinden und unaufhaltsam den gesamten Körper in einem Affenfell mumifizieren.

An diesem Ereignis war die Schnelligkeit der Mörder des Verstandes, sie war es, die verhindert hat, daß ein dionysisches Innewerden nicht in den Sinnen, in den Herzklappen gehalten werden konnte. Das Bewußtsein wurde überschwemmt, und die Körper gravierten das, was darunter liegt, sie wurden zu dem, was Hans Henny Jahn sagt: nur der Schauplatz der Ereignisse.

Durch die Aufpeitschung der Geschwindigkeit, den Knall, ist das Licht gelöscht worden in den Räumen, in denen die Errungenschaften einer Kultur, einer Arbeit am Sein aufbewahrt sind.

Die Geschwindigkeit, die überirdische Schnelligkeit hat scheinbar alle schlecht verankerten Halteseile einer Authentizität, die wacklig und stets gefährdet auf Anmaßung und Verdrängung angewiesen ist, aus den Festen gerissen, und was darunter hervorbricht, mag nichts als drohende Leere sein, die der Sterblichkeitsverdrängung vorgelagert ist.

In dieser unaushaltbaren Überforderung und Überdehnung tritt sofort der rettende Masochismus auf den Plan, er ist es, der vorgibt, daß es ein aktives, ein selbstgewußtes und gewolltes Verschwinden gibt, er ist es, der teilhaben und eingehen läßt an den Schöpfungen der Schöpfer, an die man angeschlossen bleiben muß, er ist es – dieser wiegende, sanfte und nichtendende Masochismus ist es, der Herr und Knecht, Erschaffer und Involvierte zu einem macht, beide negieren das Sein und kehren wieder in der Totgeburt: die perfekte Perfektion.

Margot Schroeder

geboren 1937 in Hamburg, lebt in Düsseldorf
Arbeitsgebiete: Roman, Lyrik, Kinder- und Jugendbuch, Hörspiel
Haltlose Tage, Gedichte, Verlag S. Königs, Düsseldorf 1993
Ausweg Blau, Gedichte, Verlag S. Königs, Düsseldorf 1995

Carmen Blazejewski

geboren 1954 in Grimma (Sachsen), lebt in Neu Nantrow (Mecklenburg)
Regieassistenzen und Dramaturgien am Kindertheater Berlin, Volksbühne Berlin
Dramaturgin und Autorin im DEFA-Studio für Spielfilme
Arbeitsgebiete: Hörspiele, filmwissenschaftliche und ästhetische Arbeiten, Kinder- und Puppentheater, Belletristik und Gedichte
Vom faulen Mehmet und der klugen Akilleh, Hörspiel, DS 1993
Das Kinderzimmer vom Lieben Gott, Oetinger, Hamburg 1995

Kerstin Leitmeyer
geboren 1960 in Kleinmachnow, lebt in Potsdam
Dramaturgin, Redakteurin
Arbeitsgebiete: Prosa, Lyrik, Hörspiel, Literaturkritik
Wirklicher Ort. Wahre Geschichte, Erzählungen, 1992

Christa Müller
geboren 1943 in Leipzig, lebt in Potsdam
Regieassistentin, Archivarin, Dramaturgin bis 1990
Arbeitsgebiete: Hörspiele, Dokumentarfilme, Lyrik, Prosa

Renate Chotjewitz-Häfner
geboren 1937 in Halberstadt, lebt in Frankfurt
Übersetzerin
Arbeitsgebiete: Funkfeature, Hörspiel

Barbara Maria Kloos
geboren 1958 in Darmstadt, lebt in Köln
Lektorin in New York
Arbeitsgebiete: Lyrik, Prosa, Essay
Die Tage waren wie Ballons, Gedichte und Kurzprosa, München 1991
Mund-Stücke, eine multimediale Performance, 1995

Margot Schroeder

Life-Style

Sie macht sich an
mit Sekt
sie knackt Salat
in Spiegeln
geoutet
lacht sie sich satt.

Um sie herum
hüstelt Nettes.

Sie reicht sich
vollkommen
fürs Hier und Jetzt.

New Age

Auf die Glassplitter
Licht
gespannt
meine durchgebrannte Haut
ich brauche
ein neues Sterbehemd.

Kopflos
suche ich
eine Sternenschneiderei
leider wegen Feierabend
geschlossen
die Läden
der Außerirdischen

Mit einem Spatz
in der Hand
stichel ich selbst
meine Wiedergeburt
zusammen.

Romanzenplanung

Komm
lass uns Nähe suchen
in Armseligkeiten
und Fernwehsterne küssen
zur Rücklichtsicherung.

Danach
im Sehnsuchtsgarten
könnten wir
aus unseren Lebenslinien jäten
abgeblühte Trauerränder

Zuneigung

Diese alte Frau im Bus
das Gesicht in die Zeit gefügt
gleich einer auferlegten Zärtlichkeit.
Im Spazierstock verankert
lehnt sie es ab
sich hinzusetzen.
Ihre Augen zwinkern einem Schwarzen zu
der sein Lächeln in die Kurven trägt
wie einen Feierabend.
Mit flinken Fingern betastet sie
die Farbschreie in seinem Gewand
und redet ihre Turnschuhe fort
ins Ungestüme.

Carmen Blazejewski

Es war der erste Winter, in dem kein Schnee fiel.

Alle Lieder, die den Schnee herbeirufen und ihn preisen, hatte ich dem Kind vorgesungen. Wir standen am Fenster und warteten. Gleich am Morgen nach dem Aufstehen liefen wir zum Fenster und sahen nach, und am Abend vor dem Einschlafen gingen wir noch einmal hin, preßten unsere Stirnen an die kalten Scheiben, schützten die Augen mit den Händen vor den Spiegelungen des Zimmers auf dem dunklen Hintergrund des Glases und sahen hinaus. Aber der Schnee kam nicht.

Das Kind war geduldig in seinem Warten und gläubig. Der Schnee würde kommen, das Kind war dessen gewiß, denn ich, die Mutter, hatte es ihm gesagt. Aber der Schnee kam nicht, Ruß fiel statt Schnee. Jeder Tag, den das Kind umsonst gewartet und meinen Versprechungen und Beschreibungen vom Schnee dennoch geglaubt, machte SCHNEE zu einem Märchen. Schnee existierte jenseits der Realität des Kindes. Schnee war ein Wunderding, und natürlich glaubte das Kind an Wunder, aber dem Wunder haftete, wenn nicht Zweifel, so doch Enttäuschung an. Auch Schnee ist für das Kind nicht dasselbe wie für mich. Eines Tages werden wir beide das gleiche Wort sagen und von verschiedenen Dingen sprechen, und es wird gut sein, darum zu wissen. Es wird gut sein, zu wissen, daß die einfachen, unbefragbaren Kontinua zwischen den Generationen unterbrochen sind und wir etwas werden suchen müssen, neue Vokabeln, neue Konstanten, neue Einfachheiten, die unbefragt in den Mund genommen werden können, neue Fundamente, die jedenfalls – und der Streit zwischen den Generationen wird jedenfalls in jedem Fall sein – halten und die neuen Konstruktionen, gebaut aus dem Streit und im Streit, stützen und die stehenbleiben auch dann, wenn die neuen Konstruktionen unhaltbar sind und stürzen. Es wird gut sein, ein Fundament zu haben, das standhält. Nun, da kein Schnee fällt im Winter, begreife ich erst, welch stabiles Fundament uns der kalte, lockere, weißglänzende Untergrund gewesen war, das flockige Gewusel in den Lüften, das dich und mich umwehte, umsäuselte, umschwebte, ins Gesicht genäht mit hunderten Stichen vom Wind, aufgelegt als kühle Kompresse, schmelzend auf der warmen Haut, sie glühen machend, weißt du noch, mein Kind und dein Kind werden davon nichts wissen.

Es war der erste Winter, in dem kein Schnee fiel, und eines Tages stand der Mann in der Tür. Wir hatten ihn nicht erwartet. Er stand in der Tür, als ich sie öffnete, er hatte nicht geklopft, er hatte kein Zeichen gegeben, er wird mir nie sagen, wie lange er im Dunkeln und Feuchten und Kalten und Stinkenden des Treppenflures gestanden hatte. Das Kind und ich, wir waren angezogen, ich öffnete die Tür, um hinauszugehen, ich öffnete die Tür und sah ihn stehen, eigentlich nicht zu erkennen, er hatte sich verändert und dann das Dämmerlicht, aber ich entdeckte in der stummen reglosen Gestalt sofort ihn, auf den ich nicht gewartet hatte und den ich nicht erwartet hatte vor Ablauf der Frist, Barmherzigkeit hatte ich nicht erwartet und keine gute Wendung, das gibt es nicht, aber den Mann, den gab es da vor der Tür. Ich starrte ihn an und hielt das Kind ganz fest, seine kleine Hand in dem dicken Handschuh, zu dick für diesen schneelosen Winter. Ich sah den Mann an, ich suchte sein Gesicht, und das Kind sah zu mir herauf, und wir sagten nichts.

Ich trat von der Schwelle. Ich sank in die Knie. Natürlich nicht. In Wirklichkeit natürlich nicht. In Wirklichkeit sank ich natürlich nicht in die Knie. Ich trat einfach nur zurück. Ich gab die Schwelle frei. Ich wußte nicht, ob er hereinkäme. Und dann stand der Mann in der Tür. Das Licht des Zimmers fiel auf ihn, mit einem Blick konnte ich alles erkennen, und das erste, was ich dachte, begleitet von einem Schmerz, der in mich stürzte wie ein Beil und steckenblieb in mir so fest, daß keine Hand es jemals wieder wird aus mir herausziehen können, das erste, was ich dachte, war, SIE HABEN IHN KAPUTT GEMACHT, und das zweite war, WIE EIN SOLDAT. Wie ein Soldat stand der Mann in der Tür, wie einer nach einer hundertmal und auf alle Zeiten verlorenen Schlacht, ein Heimkehrer, der zerbrochen worden war in der Schlacht, in die er ausgezogen gegen seine Hoffnungen und der zerbrochen worden war von der Heimkehr, die ihm keine Hoffnungen machte. Ein deutscher Soldat. Altgeworden. Verhungert. Erfroren. Hart. Sprachlos.

Er stand auf der Schwelle, kein Hinein und kein Heraus, schon einmal hatte er so gestanden, und ich hatte ihn stehenlassen, und es fing unsere Geschichte an, die Geschichte, die wir uns nicht gesucht und verloren haben, und jetzt stand er wieder so, aber das KEIN und das NEIN und das NICHT und das UNMÖGLICH vor dem Hinein und vor dem Hinaus war noch mächtiger geworden und ich, ich wußte: Jetzt muß ich ihn holen. Ich muß ihn zu mir herüberholen, sonst ist er fort, verloren in jenen allen Zeiten der hundertmal verlorenen Schlacht ohne Hoffnung in der Heimkehr.

MEINE MUTTI FÄLLT MIR, sprach das Kind mit einer leisen, aber tapferen Stimme. Und als ich die Hand ausstreckte nach dem Mann und er sie annahm, tönte die Stimme des Kindes, und sie bebte: NICH MANN MUTTI.

Der Mann war erschöpft. Zusammengesunken auf der Kante seines Bettes, die Hände wie gebrochen baumelnd zwischen seinen Knien, starrte er vor sich hin in diesem Elendsquartier, wohin er zurückgekommen war, er wußte nicht wieso. Starrte den grünen Kranz an auf dem Tisch, von dem seine Bücher und Papiere fortgeräumt waren, der Kranz und seine Papiere, was einmal deren Sinn ausgemacht hatte, schlug nun gegen sie aus, wie gut wäre es zu lachen, sagte der bleiche Mund mit zusammengepreßten Lippen, ein böses Lachen zu lachen, das ihm nicht möglich war.

Noch als das Kind schlief, saß so der Mann, kann sein, das Kind hatte ihn darum vergessen. Seine Neugier, seine Ängste und seine Unruhe waren ins Leere gelaufen, in die Leere dieser fremden Männergestalt. Eingeschlafen war das Kind, und der Mann saß, und ich saß ihm gegenüber an dem Tisch. Dieses Bedürfnis war das Erste, ihm immer gegenüber zu sein, ihm vom anderen Ufer her in die Augen zu sehen. Dann ging ich zu dem Mann, kniete mich vor ihn hin, ich fiel nicht auf die Knie, es war nur nützlich zu knien und zog ihm die Schuhe aus, hob seine Beine auf das Bett, rückte ihn gerade, seinen abgemagerten, knochigen, zerbrochenen Leib, deckte ihn zu bis unters

Kinn, sah ihn an, der nichts ansah und ging aus dem Haus, ohne das Zimmer zu verlassen, in dem sie beide lagen, der Mann und das Kind, und, so hoffte ich, schlafen würden. Und da geschah es, daß das Wunder einmal geschah, ein einziges Mal. Ich hob den Blick in den Himmel, der schwarz gewesen war von der Nacht und sich plötzlich lichtete. Schnee fiel aus dem Himmel auf die Erde nieder, erst wie stiebender glitzeriger Sand, als hätte der Wind die Wüste zu uns getrieben, der Wind, der gegen mich anstürmte, als wollte er mich wecken, als wollte er erst prüfen, ob ich stark genug war für das Wunder, das sich nun erfüllen sollte. Und als ich ihm standhielt und lachte, in einer irrsinnig aufspringenden Gefühlsladung lachte, das Wunder geschah, und ich war bereit, da wurde es still, der Wind legte sich, der Schnee fiel leise und leiser, immer sachter, es bildeten sich Flocken, dicke, sanfte, weiche Flocken, sie fielen auf mich nieder, sie fielen nieder auf die Stadt, sie deckten den grauen Stein, sie deckten alles zu, diese ganze Häßlichkeit deckten sie zu, eine Decke ohne Gewicht, duftig und weich, nach Frische duftend und Genesung und Neubeginn. Und es wurde hell in der Stadt mitten in der Nacht von dem vielen Schnee, als das Wunder sich erfüllte.

Erst da begriff ich, was es bedeutet hatte, ohne die Gegenwart des Wunders zu sein. Wie hatten wir es nur ausgehalten, so lange in einem von Wundern entkleideten Alltag umzugehen? Den Dingen des Lebens ausgeliefert zu sein ohne jenen Glanz, der seit ich denken konnte und seit meine Mutter denken konnte und seit meine Großmutter denken konnte, uns umgeben hatte. Wir brauchten nur aufzusehen, einen Augenblick innezuhalten in den Verrichtungen, um uns zu versichern und bewußt zu machen, was wir unbewußt in Permanenz genossen: den Glanz des Schnees, den Glanz des Regens im Gras, den Glanz der Sonne im Herbstlaub, den Glanz einer Luft angefüllt mit Wohlgeruch, mit zahllosen Kombinationen von Düften nach verschiedenfarbiger Erde und Gras und Laub und Holz und Tierfell und Hühnerscheiße und abgefallenem überreifen Obst, nach Quellwasser und Sumpf und Teich und Entengrütze und Ufergras und Marienkäfern und jungen Katzen und Mäusen und Bienenwachs und Dill und Thymian und Kamille und Korn, grünes Korn und reifes Korn, Korn im Regen und im Tau und in der Sonne und... Meine Mutter und meine Großmutter traten mit mir vor die Tür in den Glanz und den Duft der reinen Schneeluft, und wir atmeten sie in tiefen Zügen ein.

Ich setzte meinen Fuß in den frisch gefallenen Schnee, so hoch lag er gleich beim erstenmal und tat einen Schritt und setzte meine vergängliche Spur. Und die Häuser gingen auf, und die Nachbarn, die ich nie angesehen, traten fröstelnd vor die Tür, plötzlich von einer kindlichen Aufgeregtheit aus ihren Angelegenheiten und ihrem Schlaf gerissen. Die alten Hexen traten vor die Tür, wakkelten bedeutungsschwer mit den Köpfen und wischten sich das Feuchte von ihren spitzen roten Nasen. Die Frau trat vor die Tür mit dem Till und ihrem schweigsamen Mann, den ich noch nie gesehen hatte, und die Freunde, die ausgeblieben waren, traf ich wieder mit ihren langen Haaren und Bärten und Bedenklichkeiten, und der Theaterdirektor grüßte mich von fernher und Herr Schmidt – nein, Herr Schmidt nicht. Herr Schmidt ist nicht arm, sondern reich, und eher geht ein Kamel durch ein Nadelöhr, als daß ein Reicher den Schnee ansehen darf, der vom Himmel kommt. Das wußte einmal jedes Kind, aber jetzt ist RUMPELSTILZCHEN der Zauber abgehackt worden, Stroh zu Gold zu spinnen, abgehackt und zerbrochen und gekreuzigt und gerädert und gevierteilt und ausgereckt und zerquetscht und erfroren und verbrannt und verhungert und verdurstet ist der Zauber worden, und Stroh gibt es auch schon lange nicht mehr, nur Krankheit und Frieren und Bitterkeit. Der Mann zieht die Schultern hoch und friert ohne Mütze mit seinem kahlgeschorenen Kopf, hoch aufgerichtet und hager in dem langen grauen Soldatenmantel aus dem schlechten Stoff und mit den verlorenen Stiefeln und seinen Fußwickeln. Nein, Herr Schmidt darf nicht den Schnee ansehen, der auf den kahlgeschorenen Schädel des Mannes fällt in dicken, sanften, weichen, stillenden Flocken, die nachgeben der Wärme seines Blutes in seiner Haut, die nachgeben seinem pulsierenden, allmählich zum Leben erwachenden Hirn, die tauen und in zärtlichen Rinnsalen fließen, kühl über sein zerschlagenes Gesicht, der Schnee fällt, und der Mann lächelt.

Das Kind faßt meine Hand, der dicke Handschuh ist naß, natürlich hat das Kind längst mit dem Till im Schnee gespielt. Es hat ihn sofort angefaßt und ausprobiert und gekostet und angerochen und hineingespuckt und hineingepullert, ein tiefes, gelbes, dampfendes Loch, der Geruch seiner Lebendigkeit im Geruch des Schnees, der Geruch des Warmen im Kalten, der Geruch des Lebendigen im Wunder. Aber jetzt ziehe ich ihm die nassen Handschuhe aus, lege die kleinen roten, feuchten Hände zwischen meine, schiebe eine nach der anderen in meinen Mund hinein. Mit der eisigen feuchten, feingliedrigen, geliebten, vertrauenden Hand entdecke ich meinen Mund, diese warme nasse dunkle gewaltige Höhle, und ich fresse das Kind nicht auf.

Und mitten auf der Straße bauen sich sieben Männer auf, klappen Notenständer auseinander und blättern in geheimnisvoll beschriftetem Papier, öffnen kleine Särge, schwarze Futterale, das Gold der Trompeten glänzt im Schnee, glänzt zwischen den mit Schnee geschmückten hohen Häuserwänden der Straße, und das Kind lauscht mit aufgerissenen Augen, und ich kauere mich zu ihm und trinke sein Erstaunen und doppel meine Freude. Die Flocken fallen dick und sacht auf die dunklen Mäntel und Hüte der Bläser. Ihre Nasen und Finger sind rot vor Kälte, aber erst, als alle ihnen zugehört haben, auch der Mann, klappen sie ihre Notenständer wieder zusammen und lassen die goldenen Instrumente in den schwarzen Futteralen verschwinden, worum das Kind weint, soll es weinen, es weint aus gutem Grund. Nun ist es vorbei.

Der Schnee hat aufgehört zu schneien. Es ist ganz still. Es ist Nacht, und ich wünschte, daß der Schnee liegenbleiben möge bis zum Morgen, damit das Kind, wenn es ans Fenster tritt wie jeden Morgen, das Wunder sieht und den Vater weckt ES HAT GESCHNEIT!

Ich war nackt und sah mich im Spiegel. Ein weißes, wehrloses, eigenartiges Tier. Und das Beil.

Ich legte mich in das Bett zu dem Mann und dem Kind und schlief ein.

Kerstin Leitmeyer

Verfluchtes Biest Margarethe
Eine Erzählung (Auszug)

Bockwurst und Kartoffelsalat. Es gibt immer Bockwurst und Kartoffelsalat am Heilig Abend. Die Teller haben einen grünen Rand. Das Besteck ist billig. Aber: es stört den Geschmack nicht. Margarethe zieht den Salat mit den Lippen ab, die sie straff an die Gabel drückt, weil Mayonnaise Streifen zieht auf dem Besteck, die zu sehen sie verhindern will.

Der Vater sitzt am Tisch und die Schwester. Die Schwester ißt hastig. Sie holt kaum Luft beim essen, obwohl Heilig Abend ist und die Schüssel voll. Die bekäme genug, wenn sie wollte.

Den Salat hat die Mutter bereitet. Die Mutter ißt nicht mit. Die Mutter hat noch nie am Tisch gesessen mit Töchtern und Mann. Auch Heilig Abend nicht. Sie deckt immer für drei Personen. Sie kostet sich satt, sagt die Mutter. Würde die Mutter nur vom Kosten ernährt, wäre sie nicht gut beisammen zu nennen.

Schmeckt's, fragt die Mutter. Margarethe sagt ja und sieht auf den grünen Tellerrand. Die Schwester nickt, da ihr Mund immer voll ist. Der Vater sagt nichts.

Die Mutter hat ein Geschirrtuch vor den Bauch gehängt, wir ihr der Vater empfohlen hat. Weißes Leinen, weil Weihnachten ist.

Die Mutter steht und sieht beim Essen zu. Margarethe sieht auf den Mund des Vaters, dessen Mundwinkel weiß von Mayonnaise sind. Hinter ihr steht die Mutter. Margarethe möchte mit dem Leinentuch der Mutter dem Vater die Winkel austupfen. Der Vater weiß nichts von weißen Winkeln, weil Margarethe ihm gegenüber sitzt mit sauberen Lippen. Die Schwester hält den Kopf übers Essen gebeugt. Margarethe sieht wieder auf den Tellerrand.

Es ist Weihnachten, verkündet die Mutter, die das Rauchen nicht lassen kann. Auch wenn andere essen, nicht. Sie dreht die elektrischen Kerzen an.

Auch Morgen und Übermorgen wird es so sein, daß die Mutter neben dem Essen steht mit Leinentuchschürze. Hinter Margarethe, die den Baum, der neben der Mutter steht, nicht sehen kann.

Der Tellerrand ist grün.

Der Vater hat die Servietten entdeckt und entlastet Margarethe. Die Mutter trägt das Geschirr heraus, auf dem die Serviette des Vaters liegt mit Mundwinkelmayonnaise.

Margarethe atmet auf.

Die Schwester holt Luft. Die Schwester hat dreimal abgegessen. Sie trinkt Malzbier, und auch der Vater hebt an. Weihnachten wird überall Malzbier getrunken, sagt die Mutter. Das ist auch für Kinder was. Der Vater, der nicht von überall ist, hat das mit dem Malzbier abgeguckt. Sie nennt das Tradition. Die Mutter muß ihre vergessen haben.

Die Mutter hat schwarzes Haar.

Die Mutter erwartet Weihnachtsmusik. Sie trägt das Radio ins Zimmer, das sonst in der Küche steht. Die Mutter wischt über die Tasten. Sie will reine Musik. Sie wartet auf: Kommet ihr Hirten. Diesmal muß die Mutter lange warten. Endlich setzt sie zu weinen an. Kommet, das liebliche Kindlein zu schaun, singt sie, die Hände im Schoß. Trotz der Tränen ist die Stimme fest. Der Friede auf Erden fällt ihr Weihnachten ein. Immer Weihnachten. In zwei Tagen wird sie ihn wieder vergessen haben.

Keiner singt mit. Margarethe hat einen Tellerrand, auf dem sie die Blicke verteilen kann. Die Schwester ist viel zu satt. Sie hat den Knopf ihrer Hose geöffnet und den Reißverschluß runtergezogen.

Sie holt tief Luft. Nicht um zu singen.

Die Mutter sitzt auf der Lehne des Sofas. Es sieht immer so aus, als hätte sie die Zeit zu sitzen nicht. Ehre sei Gott, singt sie und hat das Programm absolviert. Der Vater denkt an die Sofalehne und daß die Mutter zu schwer dafür ist. Bald wird sie sie wieder gelockert haben. Die Mutter wird die Bescherung holen. Der Vater prüft die Sofalehne mit einem Ruck. Der Vater auf dem Sofa sieht, wie die Mutter mit der Bescherung kommt. Nicht umdrehen, sagt sie den Töchtern. Nicht hersehen, sagt sie dem Mann.

Margarethe packt einen Stickkasten aus. Kreuzstiche, liest Margarethe. Dann liest sie nicht mehr, weil alles verschwimmt.

Nur nicht hochsehen. Sie faltet das Packpapier. Die Schwester packt Bücher aus.

Die Schwester hat zwei große Bücher bekommen. Alles Märchen. Weil Margarethe nicht liest. Jedenfalls keine Märchen. Die die Mutter so gern hat, die sie auch lesen wird, sagt sie im Stehen der Schwester. Aber Kreuzstichsticken kann die Mutter nicht.

Margarethe hat sich Malzeug gewünscht. Aber Malen kann jeder, sagt die Mutter. Und Sticken ist Handwerk. Und sauber ist's auch. Der Vater bekommt zehn Taschentücher und Socken dazu. Die Mutter dreimal Parfüm. Wahrscheinlich ist Parfüm Tradition, denkt Margarethe und Kreuzstichsticken.

Margarethe hält die Augen weit aufgerissen, weil sich das Wasser besser verteilt und nicht zu Tränen zusammenrutscht. Die würde sie nicht erklären wollen.

Die Mutter hat das mit Absicht getan. Die Mutter will keinen Dreck. Margarethe muß nicht malen müssen. Sticken ist auch bunt und gibt keine Flecken und braucht keinen Platz, sagt die Mutter, weil Margarethe keine Freude bekanntgibt.

Die Mutter hat nie Sticken gewollt. Nun soll Margarethe es wollen, weil die Mutter Sticken nicht ausstehen kann, und weil Margarethe Begabungen hat, mit denen sie lieber arbeiten würde. Das weiß die Mutter. Diese Bescherung ist der Mutter sicher.

Die Schwester hat zweimal danke gesagt, weil Margarethes Schweigen zu laut wird. Die Weihnachtsmusik ist ausgeschaltet.

Margarethe fällt die Müdigkeit ein, mit der sie das Zimmer verlassen kann, das nach Tanne riecht und Apfelsinenschale; in dem sie nichts hört als das Schmatzen der Schwester, in dem der Vater ein Taschentuch faltet, in dem die Mutter hinter ihr steht. Immer hinter ihr. Margarethe liegt schwer auf den Kissen.

Christa Müller
Die Schande (Auszug)

Ich habe die Wand vollgeschrieben. Kann nicht entziffern. Mühe mich. Lieber…

…lieber Vati, mein geliebter Vati, mein geliebter!

Sätze folgen, für die ich blind bin.

Bis steht: Mein Geliebter. Hundertmal. Tausendmal. Ich müßte die Tapete umwenden, wie man einen Schreibbogen umwendet.

Eine weiße Fläche. Eine große weiße Fläche. Ich will schreiben.

Ich höre das Keuchen meiner Mutter und des Kerls. Ich presse das Kissen an die Ohren. Höre es trotzdem. Ich rolle mich zur Kante. Lasse mich fallen. Schlage auf den Boden. Sie hören nicht auf.

Ich schreie nicht.

Der Krieg ist zu Ende.

Mein Vater ist nicht tot.

Wart auf ihn, meine Mutter, ich flehe dich an! Ich hasse dich.

Ich fühle, die Wand ist vollgeschrieben. Ich liege nicht in der Kammer des Bauernhofes in den Beskiden. Bin zu Hause. In meinen Kabuff. Neben der Küche. Um zur Schule zu gehen, müßte ich am Schlafzimmer vorbei. Die Männer, denen ich begegne, wenn ich mein Zimmer verlasse, um dir zu sagen, daß ich weiß, er kommt zurück, betasten mich mit den Augen.

Der feldgraue fette Koch, der nicht dein Cousin ist, wie du lügst, ist davongekommen. Beim Troß.

Ihr saht, daß ich aus dem Bett gestürzt war, und hörtet nicht auf. Er sagte zu dir, meiner Mutter: Die merkt nichts. Na komm. Ich bin noch nicht fertig.

Ich gehe mit einem Messer im Ärmel durch die Wohnung. Ich werde es ihm in den Bauch stoßen, wenn er mich so ansieht.

Einstmals wachte ich auf, als wir an einem Fluß entlangfuhren. Das andere Ufer stieg mit dunklen Tannen, weglos und steil aus dem Wasser. Der Schatten des Berges verdunkelte den Fluß. Der Himmel war so hoch, daß ich ihn nicht sehen konnte.

Alles war gut.

Keine Sirenen hatten uns von der Straße in den menschenvollen Keller getrieben. Den Augenblick gab es nie, als das Heulen der Bomben ausblieb, das unseren Atem veränderte, obwohl wir wußten: Was heult, trifft nicht uns. Die Explosion ließ das Haus nicht zusammenstürzen. Vier Stockwerke, deren Aufprall der Keller nicht standhielt.

Die Hölle ist schwarz und voller erstickendem Staub. Als der Mauerbogen zu schwanken begann, riß meine Mutter mich in der Finsternis an sich. Wir knieten in der Wölbung einer Tür. Der gemauerte Rundbogen widerstand dem Druck. Meine Mutter streichelte mich. Ich weinte nicht. Auch nicht, als sie uns ausgegraben hatten und in mein Bewußtsein eine fremde Stimme drang: Unmöglich, daß sie leben.

Lange fuhr der Zug den Fluß entlang.

An der Station der Cousin.

Wie sie sich anlachten. Und auf mich blickten.

Ich wollte nach Hause.

Der Cousin stahl Brot und Butter aus Heeresbeständen und machte den Preis in dem Bett, aus dem ich stürzte.

Die Wand ist vollgeschrieben

Das Laken ist weiß.

Ich will schreiben... schreiben... schrei... schreien...

Ich höre meinen Vater Er ruft meinen Namen. Er ruft mich jede Nacht. Ich lasse das Fenster offen, damit ich ihn höre, damit er nicht fortgeht, wenn er hergelangt ist.

Ich weiß nicht mehr, wie er aussieht. Aber ich werde ihn erkennen.

Der Fliegerleutnant ist gekommen. In Zivil. Ich habe Onkel zu ihm gesagt. Zwischen seinen Fronteinsätzen hat er mich lesen gelehrt. Er stand hinter mir mit gehobener Hand. Bei jedem Fehler traf diese Hand meinen Kopf. Wenn er kam, mußte ich ins Kabuff. Dann lag er in meines Vaters Bett. Er schrieb in das Kochbuch meiner Mutter: Man nehme, was man hat – und was man kriegen kann.

Nach dem Essen schlossen sie sich in der Küche ein.

Ich schlug mit Fäusten gegen die Tür, hörte ihren heftigen Atem. Geh spielen!

Sie hat mir das Laken weggenommen. Es war vollgeschrieben, aber befleckt. Ich wusch mich die ganze Nacht. Das Blut war unstillbar. Nun habe ich das auch.

Meine Mutter sagte: Mach kein Theater!

Widerwärtig bin ich mir.

Der Sohn des Hausbesitzers ließ seinen Karnickelbock auf die Häsin los. Er stand mit dem dicken Flüchtlingsmädchen, das laut kreischt, wenn er sich bei offenem Fenster zu jeder Tageszeit mit ihr wälzt, vor der Bucht. Halt doch still, sagte das Mädchen zur Häsin. Macht doch Spaß! Der Sohn des Hausbesitzers griff dem Mädchen an den Hintern, und sie warf sich an ihn, drückte ihn mit ihrem Körper an die Schuppenwand und zog ihm die Hosen herunter. Sie sahen mich nicht. Ich hockte im Dunkel neben unserer Karnickelbucht.

Wagte nicht, mich zu rühren.

Ich hatte Angst vor ihnen.

Der Fliegerleutnant ist jetzt Täschner. Hat in Berlin eine Werkstatt. Stellt Portemonnaies her. Häßliche schwarze Portemonnaies aus Heeresrestbeständen. Hat versucht, mir eins zu schenken.

Mir ist nicht klar, wieso er zurückkam. Warum er nicht abgeschossen wurde. Und wieso er jetzt Geschäfte macht. Ich trage das einzige Kleid, das mir noch paßt, weil Wolle sich dehnt.

Er starrte mich an. Meine Mutter war nicht im Zimmer, und ich wollte hinaus. Er griff an meine Brüste und saugte an meinen Lippen. Ich fühlte Ekel, dachte an das Messer unter meiner Matratze. Er ließ mich los und sagte: Hab dich wohl erschreckt, Kleines? Es gelang mir, hinauszukommen. Ich schloß mich in mein Zimmer ein. Wartete mit dem Messer in der Hand.

Ich gehe wieder zur Schule.

An manchen Tagen laufe ich zum Flugplatz. Lege mich ins wuchernde Gras und blicke in den Himmel, in dem Lerchen und Schwalben sind.

Die achte Klasse ist meine letzte. Ich will nicht mehr. In meiner Beurteilung steht, daß ich früher ein lebhaftes, aufgeschlossenes Kind war, daß ich jetzt wechselnde Leistungen zeige: von ausgezeichnet bis unzensierbar, daß Phasen einer unerklärbaren Unansprechbarkeit zu Besorgnis veranlassen.

Meine einzige Furcht ist, daß mein Vater mich nicht erkennt. Aus dem Spiegel blickt mich jetzt ein befremdliches Gesicht an: blaß. Mit großem Mund und schweren Augen. Nur die Wimpern sind übrig von dem Kind auf dem Bild, so hell wie mein Schopf, wie mein Vater mich malte. Ich möchte meinem Kinderbild, das ich nicht leiden konnte, ähnlich sein.

Sie hat alle seine Bilder verkauft und seine Staffelei, seine Farben, das Terpentin, alles. Dieses Bild nicht. Ich habe das Kind gern. Ich möchte es wiederfinden. Dazu brauche ich dich, mein Vater. Du mußt kommen.

Johannes ist ein Flüchtling. Johannes kam aus Hirschberg. Er wohnt mit seiner Mutter oben im Atelier. Er spricht nie. Aber er kann sprechen. Seine Mutter hat es zu meiner gesagt.

Wenn Johannes auf der Steintreppe vor dem Hauseingang sitzt, liegen seine Unterarme auf den Knien, die Hände hängen herab. Ihre Ruhe gibt mir Ruhe.

Heute hat Poss uns seinen Professor vorgestellt. Der Professor war klein, wirkte neben unserem Lehrer gebrechlich. Poss hatte ihn uns angekündigt. Hatte eine halbe Stunde ihn mit Pythagoras verglichen und dann gesagt: Macht mir Ehre. Zeigt ihm, daß ihr denken könnt.

Ich habe Poss keine Ehre gemacht. Als ich die Liebe sah, mit der er den Alten zur Hospitationsbank leitete, mußte ich an einen vergessenen Morgen denken.

Eingeschlafen zwischen Vater und Mutter, aufgewacht im Kabuff. Ich rief. Ich irrte frierend durch die leere Wohnung, lief in den Schnee und weinte laut, bis jemand mich aufhob.

Mein Vater kam die Bodentreppe herab, meine leblose Mutter auf den Armen.

Die Wohnung war mit einemmal voller Menschen. Man sperrte mich aus – immer sperrt man mich aus.

Meine Mutter hatte gesagt, sie werde sich töten, wenn er seiner Einberufung folgen würde. Ich lag zwischen ihnen wie in einem Vogelnest und spürte ihren leisen Atem über meinem Gesicht: Mein Vater sagte: Wenn ich nicht gehe, komme ich vors Kriegsgericht.

In der Mathematikstunde, als Pythagoras auf der Hospitationsbank saß, sah ich die Szene, wie sie sich abgespielt haben mußte: Meine Mutter ging am Morgen, als sie glaubte, meinen Vater anders nicht aufhalten zu können, auf den Boden. Sie hing, als er sie fand. Er schnitt sie ab und brachte sie zurück ins Leben. Dann zog er in den Krieg.

Johannes' Augen sind sanft. Vor ihnen fürchte ich mich nicht.

Renate Chotjewitz-Häfner
Das Haus spricht

Einst war ich ein Haus
über älteren Schichten
war Sandsteinquader auf Fels und Lehm
eine Ewigkeit lang zwischen Luft und Erde
einst war ich
ein Dach über dem Feuer errichtet
sanft schaukelten meine Dielen den Schritt

meine Haare wuchsen durch die Dachrinne
jelängerjelieber
die Vögel nisten darin und
ich halte ächzend die Wände zusammen
stütze die Deckenbalken Knochengerüst
die Balken ein Kreuz
meine Haut baut Spinnweben in dunklen Ecken
an meine Augen prasselt der Regen
der Magen ist voller Gerümpel
Papier Möbel Briefe Regale
Müll der Putz ist gerissen
Wasser dringt ein tropft tropft es am
Bein herab in den Keller nach unten
in schwarzen Rohren gurgelt
Blut Urin Schleim

Da bohrt der Holzwurm man
sieht es nicht gleich das

Holz ist schon weich
stoß mit der Fingerkuppe in
die durchlöcherte Haut
brich meine Kanten
es rieselt Häufchen von Mehl
in den Fugen bröckelt der Kitt
Risse im Lack platzen
bald blättert er ab
über älteren Schichten
sickert Feuchtigkeit Schnee ein
am Sandstein im Keller
milchige Flecken das
Fundament löst sich auf
klumpig schimmliger Sand die
Stufen empor wächst weißes Gewebe
mich umklammert ein Netz von Schimmel
es rosten die Nägel
seufzen die Sensen die
Dachziegel klappern im Wind

Ein verstaubtes Klavier
alte Lieder in Fetzen nur
einmal blüht im Leben,
da möcht ich sein
auf dem Glas eine Fettschicht
verschmiert und
eine Schreibmaschine von
einer Hülle bedeckt
schwarze Tabakreste in diesem
Aschenbecher
ich hüte vor Motten Tischtücher Bettlaken

bewahre verhüllte Schatten
von Sommer und Winter
in Schubladen auf dann
fällt noch ein Brief auf die Fliesen
nun hört die Uhr auf zu ticken
eine einzelne Fliege
in meinem Schädel beginnen
Hornissen zu summen

Die Tür auf der Treppe ist dunkel
ihr fragt nach dem Haus
nach der Zeit sucht
und findet mich nicht es ist wahr
einst über älteren Schichten
eine Ewigkeit lang zwischen Luft und Erde
war Sandsteinquader auf Fels und Lehm
einst war ich ein Haus
war einmal

Barbara Maria Kloos

jungfrau mit flügeln

hab mich nicht heiß mit augen weit nach balzplan
    phase eins verrenkt ihm keine halsschlagader
zum gebiß nicht arme hoch und achselschweiß
kein nimm mich samen bin dein ei gleiten wir in
    phase zwei hab nicht den brustkorb durch die
bluse die haare vor und wild zurück gesäß gezeigt
mein erbgut gegen kieferknochen mit spitzen zoten
    phase drei den spalt auf knien naß geleckt trag
keine gummiringe eisenstrapse strip keinesfalls am
tresen schon heb stöhnen für den glücksfall auf die
    vierte phase pfeife ich kein du nur du allein
sollst vater meiner kinder sein will kopf und
leib zum zeitvertreib bin wohl kein echter säuger
    phase fünf flirt technisch eine null weibchen
tour was tun wenn trotzdem will ihn jetzt sofort
mit aller macht und viel mehr phantasie als gen
    programm nur ich und du und sex als er und sie

female fleisch

„kör/per/ker/ker/coeur" *jandl*

keiner hat mich tiefer je
als mein eigen peitschen

des rasenden leibes durch
leder im mund verrückt bis

die pupille hinterm lid so
durchgedreht der körper reißt

wie lack mein täglich wort
verkehr auf schwarzem stumpf

tiefer tiefer als mich selbst
hat keiner je verschlungen

Anna in Stücken

Mach mal einen tiefen
Mund auf dreht sich
im Grabe wenn er dich
sähe und einen für
Vati die Gurgel dir um

Schmatz nicht so artig
wenn dir der Onkel dein
sauberes Röckchen und

paß auf die Soße schubs
deinen Reiter vom Schoß

Wie sagt man in Ehren
sonst setzt es kein
Fernsehn und putz dir
gefälligst das Ferkel
mit Kußhand ins Bett

Bist du aber kurz schon
die Nägel im Keime den
Kopf übers Knie und fett
wirst du solltest dich ab
in die Ecke und hilfst

Auch beim Bäcker die
Socken und abends die
Zähne sonst bleibst du
noch keinem als ich so
ein Fremdling daheim

Ein Tödlein als Kabinettstück

Ich träumte, mein Leib wär gepanzert,
ein Stahlrohr mit Abzug, rostrot.

Ich träumte, mir blühte der Kopf eines
Kindes, genetischer Ausschuß ohne Gesicht.

Ich träumte vom Krieg im Leib meiner Mut-
ter wurd ich zur Bombe, die ihre zerriß.

Er sagte Schneiden. Nichtschneiden, sie
fuhr mit dem Finger zwischen die Beine.

Ist nur eine Birne, eine glühende Birne,
die wächst mir vom Schoß zum Halse heraus.

Regine Möbius

geboren 1943 in Chemnitz, lebt in Leipzig
seit 1991 Korrespondentin des „Börsenblatt für den Deutschen Buchhandel“ und seit 1992 Honorardozentin
Arbeitsgebiet: Prosa
Autoren in den neuen Bundesländern, Porträts, Leipzig 1995

Kornelia Freitag

geboren 1961, lebt in Potsdam
Lehre und Forschung an der PH Potsdam, dann Universität Potsdam, mehrere Auslandsstudien
Forschungsgebiete: Lyrik, Frauenliteratur, ethnische Literatur(en) der USA

Sonia Solarte

geboren 1959 in Cali – Kolumbien, lebt in Berlin
Dozentin und Kulturbeauftragte, Koordinatorin verschiedener Schreibwerkstätten
Arbeitsgebiet: Lyrik

Regine Möbius
Arbeitswelt des Jahres 2000 – Aufregender Bereich für Autorinnen?

Wer über die Arbeitswelt des neuen Jahrtausends nachdenkt, kann nicht an dem künftig weltweiten Einsatz von Mikroelektronik vorbeidenken. Er wird technische, ökonomische, juristische und ethische Probleme mit sich bringen, deren Verunsicherungen thematisiert werden müssen.

Besonders die durch die Mikroelektronik in unserer Lebenswelt erfahrbaren ethischen Probleme sollten das umsetzbare Maß an destruktivem Schrecken verbreiten, (der Katalysator unserer Urängste sein muß) das neue Denkansätze provoziert.

Nur in Stichworten möchte ich hier Berührungspunkte nennen, die in gesellschaftlichen Debatten einen ungenügenden Raum einnehmen und schon deshalb auf andere Weise (vielleicht in der Literatur) bedacht werden müssen.

– Die Zahl der Arbeitslosen wird weiter steigen, die damit verbundenen psychischen Probleme sind in ihrem Ausmaß zur Zeit nur ahnbar.

– Sollte das Modell einer weltweiten Arbeitszeitverkürzung als mögliche Lösung der Arbeitslosigkeit ernsthaft in ökonomische Konzepte einbezogen werden, bekommt die immer größer werdende Freizeit eine neu zu bedenkende Dimension.

– Was könnte dem Peitschen der Arbeitsproduktivität

durch den internationalen Wettbewerb entgegengesetzt werden?

– Die Optimierung der Technik wird auch im kommenden Jahrtausend tiefe ökologische Einschnitte nach sich ziehen, deren Auswirkung auf Lebens- und Arbeitswelt thematisiert werden muß. Symbiosen von technisch Möglichem und ökonomisch Notwendigem sind zukünftig unverzichtbar.

Bereits in der Gegenwart sind die Rückwirkungen ökonomischer Zwänge weltweit zu spüren. Sie können künftig durch noch stärker notwendige Qualifizierung und Spezialisierung in den einzelnen Berufsbildern für die Unterprivilegierten der Gesellschaft existentiell werden. Denn der nahezu alle Bereiche tangierende Einsatz von Mikroelektronik erfordert in immer stärkerem Maß Hochqualifizierung. ...

Auch die Arbeitswelt der Kunst und Kultur unterliegt diesem technischen Wandel. Obwohl jene einschneidenden Veränderungen allgemein akzeptiert werden, sollten sie doch in dem Maß mit erhöhter Aufmerksamkeit bedacht werden, in dem sie mit psychischen Mehrbelastungen verbunden sind und sein werden. Auslotungen können nicht allein der Science-Fiction-Literatur überlassen bleiben.

Speziell in den Entwicklungsländern wird auf Grund der Qualifizierungsbenachteiligung der Frauen bei ihnen dieser psychische Streß stärker spürbar sein. Mit großer Wahrscheinlichkeit wird in der Arbeitswelt von morgen ein nicht unwesentlicher Teil an schwerer körperlicher Arbeit verschwunden sein; dieser Fortschritt beseitigt jedoch nicht gleichzeitig die archaischen Rituale von Gewalt und Frauenunterdrückung. Eine moderne Ökonomie kann sich, wie immer wieder erlebbar wird, damit gut vertragen, im Negativfall diese noch verstärken.

Die internationale Frauenkonferenz in China brachte Vorkommnisse zutage, die dringend thematisiert werden müßten. Die hier Anwesenden habe sicher alle diese Berichte verfolgt, so daß ich nur einige wenige ansprechen werde:

Es wurden allein im Zeitraum von zwei Jahren in China über 65000 Menschen wegen Frauenhandels festgenommen. Seit die Volkskommunen aufgelöst sind und es freie Märkte gibt, sind in China Bäuerinnen noch begehrter und teurer geworden. Frauenhandel scheint in China kein Relikt aus längst vergangener Kaiserzeit zu sein. Seit dieses Land jährlich zweistellige Wachstumsraten schreibt, haben Entführung, Verschleppung und Verkauf von Frauen drastisch zugenommen. Bauern bezahlen für die billige Arbeitskraft Frau unter der Hand bereits mehrere Jahresgehälter.

Ebenso sollen Mitgiftmorde, einst Legenden aus indianischer Vorzeit, in Indien ein Phänomen des Städtischen Mittelstandes geworden sein. 6200 derartige Fälle registrierte die indische Polizei allein in einem Jahr. Getarnt sind derartige Mitgiftmorde als Haushaltunfälle: Pestizide in der Milch – eine beim Kochen explodierte Gasflasche oder ein offener Stromkreis, sind einige der benannten Ursachen.

Das erschreckendste Instrument, das die Diskriminierung von Frauen verdeutlicht, ist das in Ost- und Südasien vorgenommene Abtreiben von weiblichen Föten. In China kommen pro 100 neugeborener Buben nur noch 85 Mädchen zur Welt, in Indien und Pakistan sind es 93.

Eine anläßlich der Frauenkonferenz veröffentlichte Studie besagt, daß 100 Millionen Frauen auf der Welt fehlen. Könnten das nicht möglicherweise Mädchen sein, die nicht geboren werden durften, oder vernachlässigte und deshalb gestorbene weibliche Babys?

Li Hong-gui von der Familienplanungskommission soll in diesem Zusammenhang folgende chinesische Redewendung vorgetragen haben: Wenn ein Bub krank ist, bringen die Eltern ihn sofort ins Krankenhaus, erkrankt ein Mädchen, dann sagt man: warten wir, ob es ihr morgen besser geht."

Und dazu war im krassen Gegensatz vor Jahren zu hören:

„Frauen halten die Hälfte des Himmels hoch!"

Diese weise Einsicht verkündete einst Mao-Tse-tung, der große Veränderer, als er den Frauen die Bandagen von den umwickelten Füßen riß, sie in blaue Arbeitskittel steckte und mit der Spitzhacke losschickte.

Auch die Nutzer einer kapitalistischen Logik müssen exakt zu demselben Schluß kommen. – In einer aktuellen Studie der Weltbank heißt es: „Keine Regierung kann es sich leisten, auf die Förderung von Frauen im Arbeitsprozeß zu verzichten."

Expertenkonferenzen, Strukturanpassungsprogramme und die Erfahrungen aus jahrzehntelanger Entwicklungshilfe haben sich zu unumstößlichen Fakten verdichtet: Wer Wachstum will, muß in Frauen investieren. So bewies beispielsweise eine länderübergreifende Studie, daß ein einziges Schuljahr mehr das zukünftige Einkommen eines Mädchens um 15% (zum Vergleich sind es bei Jungen 11%) erhöht und die Fruchtbarkeitsrate um ein Zehntel senkt.

Diese Fakten haben natürlich auch ihren Niederschlag: Konnten vor 20 Jahren nur halb so viele Frauen wie Männer in der Dritten Welt lesen und schreiben, sind heute die Anteile etwa gleich. In den arabischen Staaten holen die Mädchen am schnellsten auf. Die Lebenserwartung von Frauen ist dort auch von 54 auf 63 Jahre gestiegen. Seit 1970 hat sich die Müttersterblichkeit um beinahe die Hälfte verringert.

Als die pakistanische Premierministerin Benazir Bhutto bei der Kairoer Bevölkerungskonferenz im letzten Herbst ans Rednerpult trat, wagte sie trotz der völlig gegensätzlichen Haltung ihrer fundamentalistischen Gegner folgende Sätze: „Ich habe Respekt vor den Traditionen und bin eine gläubige Muslime. Aber ich habe den Traum, daß jedes Kind gewollt und jede Mutterschaft selbstbestimmt ist." Die Delegierten sollen den Atem angehalten haben bei diesem Hauch Martin-Luther-Kingscher Botschaft, der durch den Saal wehte. Doch der Realisierung dieser großen Worte stehen noch immer Fakten gegenüber, die die Erfolgschancen relativieren. Trotz der Bildungsexplosion hat sich der Anteil der von Frauen durchgeführten, bezahlten Lohnarbeit nur um 4% in 20 Jahren erhöht – von 36% auf 40%.

Trotz Wirtschaftswachstum ist die Zahl der absolut Armen weiter gestiegen; 70% von ihnen sind Frauen.

Wird diese ständig weiter aufklaffende Schere zu schließen sein, oder öffnet sie sich mit zunehmendem Tempo der Entwicklung der Technik im nächsten Jahrtausend weiter?

Dies weltweit zu thematisieren, nicht als platte Wiedergabe von Vorgängen, sondern eindringend in die offen liegenden, wie in die verdeckten Katastrophen, sollten Autorinnen, auch als die Mitbetroffenen, im neuen Jahrtausend nicht verschlafen.

Es wird unverzichtbar bleiben:

Frauenschicksale weltweit aus dem Blickwinkel von Frauen zu erfahren.

Es wird unverzichtbar bleiben:

Frauenschicksale in unserem unmittelbarsten Umfeld von Frauen gestaltet zu wissen, um Irritationen und Fremdheit ausräumen zu können.

Dieser viertägige Kongreß könnte zur Beförderung solcher Vorstellungen ein wichtiges Podium sein, daß sich nicht als ein die Männer ausgrenzendes verstehen will, sondern als eines, und darauf werde ich jetzt, im zweiten Teil meiner Ausführungen eingehen, daß die speziellen Probleme von Frauen, nun der in Ost und West, thematisieren und als Schreibanlaß beleuchten will.

Daß ich hier zuverlässig nur auf die, aus meiner, in Ostdeutschland gewachsenen Sicht aufmerksam machen kann, ist sicher verständlich.

Für viele ostdeutsche Frauen (aber auch Männer) war der Umbruch ihrer, wenn auch oft kritisch betrachteten Alltagskultur und Arbeitswelt zum Problem geworden. Es zerbrach das Realbild DDR, eine Utopie wurde unglaubwürdig. Im gleichen Maße war aber nun bei aller sozialer Differenziertheit im täglichen Leben zu erfahren, daß die Welt der Marktwirtschaft für Sozialisationsträume der Frauen kaum Raum gab. Die anfängliche Neugier, die Offenheit zum Gespräch, die Bereitschaft zur Solidarität, bis hin zu ersten zögernden politischen Aktivitäten wichen allgemeinen Irritationen. Ost- und Westfrauen waren beispielsweise auch Konkurrentinnen auf dem Arbeitsmarkt geworden.

Nun steht die Frage im Raum, eine, die auch der literarischen Auslotung bedarf, könnte diese Irritation der in Ostdeutschland lebenden Frauen nicht auch Chance für einen neuen Aufbruch sein?

Noch fühlen sie sich oft in dreifacher Hinsicht diskriminiert: einmal als Frauen, einmal als Frauen in den Neuen Bundesländern und als die, die man unter einem Ossi versteht.

Schließlich galt, wenn auch auf eine eigenartige Weise, die Frauenfrage in der DDR als gelöst. Obwohl eine Gleichstellung mit den Männern nicht wirklich erreicht war, fühlten sich doch die meisten nicht diskriminiert. Die gesellschaftlichen Strukturen der DDR waren so angelegt, daß die politische Bevormundung, die angestrebte Vereinnahmung der gesamten Persönlichkeit und das bürokratische Netz partiell ausgetragene patriarchalische Bestrebungen überdeckten. Der Druck von staatstragenden Organisationen war stärker als der Druck auf die Frau als gesellschaftliches Wesen. Öffentliche Herabwürdigungen von Frauen gab es nicht, im Gegenteil, es gab ein gesellschaftlich verordnetes Aufwerten und Beachten von Frauenproblemen, das einerseits das Selbstvertrauen wachsen ließ, wodurch sich die privaten Probleme vermeintlich verkleinerten. Erst nach dem Zusammenbruch der DDR wurde zum öffentlichen Problem, daß die vermeintlich gleichen sozialen, ökonomischen und individuellen Rechte für Frauen ein ideologisches Trugbild waren. Die DDR-Ideologie hatte auf einem sozialistischen Leitbild beruht, dessen wichtigster Inhalt die Arbeit war. Diese Tatsache ist für viele Frauen jetzt Grund für Lebenskrisen. Sie hatten ihren Wert als Frau und Mensch über die Arbeit definiert, dabei war für nicht wenige der sozialistische Betrieb mit seinen Arbeitskollektiven mehr als ein Ort des Arbeitgebers. Er war auch einer der Geselligkeit, des Austausches, des Bewerten von eigenen Lebensvorgängen. Aus diesem Verbund sind besonders Frauen durch die höhere Arbeitslosenrate herausgeschleudert worden. Gleichzeitig fühlen sie sich eingeengt durch die nicht mehr in gewohnter Weise funktionierende staatliche Betreuung ihrer Kinder.

Hinzu kam, daß, bedingt durch die ökonomische Unabhängigkeit und das gewachsene Selbstbewußtsein, Frauen eine von Männern unabhängige eigene Form der kritischen Auseinandersetzung mit dem DDR-System entwickeln konnten. Besonders im intellektuellen Bereich war das spürbar. Christa Wolfs „Nachdenken über Christa T.“ war wohl der Beginn einer literarisch-ästhetischen Frauenbewegung in der DDR, nicht nur von Christa Wolf in all den Jahren literarisch wieder in den Mittelpunkt gestellt. Sie war oft an der sozialistischen Utopie gemessen. Im Vergleich mit den realen Verhältnissen bildeten sich aber kritische Kriterien heraus, die weiterreichten, als die formale Kritik an den bestehenden Verhältnissen und in Ansätzen reformierende Gesellschaftsmodelle einbezog. Hier liegt wohl auch einer der Unterschiede zwischen den Frauen „hüben“ und „drüben“. Für diese Unterschiede, für die neuen beiderseitigen Verunsicherungen, für die neue Ratlosigkeit gibt es noch immer nicht genügend Reflexionsraum, gibt es noch immer keine für beide Seiten verständliche Sprache. Und dieser Umstand wird sich erschwerend auf die Integration auswirken. Schließlich geht es oft auch um das Aufdecken von Lebenslügen und deren Folgen auf das gesellschaftliche Zusammenleben. Öffentliche Abwehr und Ungeduld erschweren den Reflexionsprozeß und Erstellen neue Mauern gegen die Annäherung.

Nur langsam wird auch mir klar, wie unterschiedlich uns 40 Jahre getrennter Entwicklung geformt haben. Je intensiver Frauen in das Staatsgefüge Ost integriert waren, um so größer ist jetzt der Kraftaufwand zur Überwindung des Abstandes. Und da die Irritation auf beiden Seiten ist, sind Ost- wie Westfrauen gefordert, sich aneinander zu informieren und miteinander auseinanderzusetzen. Das darf nicht heißen, die Probleme und Schwierigkeiten des Übergangs in Ost und West zu bagatellisieren, sondern sie als Chance zu verstehen, Entwicklungsformen über die Grenzen Deutschlands hinaus neu zu strukturieren. Das wird nicht ohne persönliche Verunsicherungen, Einschnitte und Narben zu haben sein.

Immer wieder hat die Literatur auf ihrem geistigen Feld Vorarbeit geleistet. Die Stärke ihrer Wirkung ist natürlich schwer meßbar, aber eine Bettina von Arnim, eine Günderode, eine Bachmann, eine Wolf waren spürbar einflußnehmend. Wie stark, ist schwer meßbar. Doch die Ausdrucksformen und die Identität vieler Frauen in den östlichen Bundesländern sind ohne die literarische

Frauenbewegung der Vorwendezeit nicht denkbar. Schreibende Frauen, oft eher als Publizistinnen zu bezeichnen, sprengten mit ihren Texten Rollenzuweisungen, erkundeten Gegensätzliches der Geschlechterbeziehungen und entwickelten einen Widerpart zu geläufigen Weiblichkeitsmustern. Das Selbstverständnis vieler DDR-Frauen hatte auch in der Frauenliteratur seine Wurzeln. Daß bei den politischen Umbrüchen des Herbstes '89 andere Mechanismen auslösend wirkten, spricht nicht gegen die, die den Boden wohl mit vorbereiteten. Jetzt müssen *die* Geschichten geschrieben werden, in denen die neu entstandenen Spannungen zwischen Frauen und der Gesellschaft, zwischen der/dem Einzelnen und der Macht aufgehoben sind und reflektiert werden.

Das Verteidigen des Individuums Frau gegen die Ansprüche der Macht wird Autorinnen auch im neuen Jahrtausend auf vielfältige Weise in Anspruch nehmen.

Kornelia Freitag

„Wenn du nicht sprichst, kannst Du keine Persönlichkeit werden.“ – Identitätsprobleme in der ethnischen Frauenliteratur der USA

Maxine Hong Kingstons *The Woman Warrior.* Memoirs of a Childhood Among Ghosts, aus dem das Titelzitat stammt, Gloria Anzalduas *Borderlands/La Frontera.* The New Mestiza, und *Beloved* von Toni Morrison sind drei aufsehenerregende Werke der neueren US-amerikanischen Literatur. Der 1976 publizierte Roman *The Woman Warrior* ist das Erstlingswerk der Chino-Amerikanerin Maxine Hong Kingston, in Deutschland als *Die Schwertkämpferin* 1982 in der Lizenz von Ullstein in einer Buchklubausgabe herausgegeben. Das 1987 erschienene Buch von Toni Morrison ist unter dem Titel *Menschenkind* 1989 bei Rowohlt in Deutschland erschienen. Der Text der Chicana Gloria Anzaldua wurde ebenfalls 1987 in den USA veröffentlicht, hat dort großes Aufsehen erregt, liegt in deutsch aber nicht vor.

Alle drei Werke spüren der Identitätsfindung von amerikanischen Frauen nach, die unter der doppelten Ausgrenzung aus der dominanten Kultur als Angehörige einer ethnischen Minderheit und innerhalb ihrer Kultur als Frau zu leiden haben. Und – bei allen Unterschieden, die sich nicht nur aus den verschiedenen ethnischen Hintergründen sondern auch aus den unterschiedlichen zeitlichen und räumlichen Bedingungen ergeben – arbeiten alle drei Texte die Notwendigkeit heraus, eine eigene Geschichte in Worte zu fassen und eine eigene Sprache für das zu finden, was geschehen ist – mit einem selbst und mit der eigenen Kultur:

„If you don't talk you can't have a personality", schreit die Ich-Erzählerin der unkonventionellen Autobiographie *The Woman Warrior* eine Mitschülerin an, eine Chino-Amerikanerin wie sie selbst. Sie erinnert sich, wie sie dieses scheue Mädchen, das in der Schule zwar laut vorlas, aber nicht sprach, haßte. Das Mädchen

> hatte keine eigenen Freundinnen, sondern folgte nur ihrer Schwester überallhin...
> Ich haßte die jüngere Schwester, die stille. Ich haßte sie, wenn sie als letzte in ihre Mannschaft gewählt wurde und ich als letzte in meine.
> Ich haßte sie für ihre chinesische Puppenfrisur.
> Ich haßte sie in der Musikstunde für die Pfeiflaute, die aus ihrer Plastikflöte kamen.

Eines Tages verprügelt die Erzählerin das Kind, das ein Jahr älter ist als sie. Sie kneift es, stößt es, zieht an seinen Haaren und befiehlt ihm, bittet es, fleht es an zu sprechen, zunächst wütend, haßerfüllt, dann verzweifelt. Dieser Ausbruch kommt überraschend, die Wut scheint unbegründet. Dabei sollte doch die Erzählerin wissen, wie dem „stillen Mädchen" zumute ist: für die amerikanische Schule im chinesischen Elternhaus nicht oder nur ungenügend vorbereitet, hat auch sie es schwer gehabt:

> Als ich in den Kindergarten ging und zum ersten Mal Englisch sprechen sollte, wurde ich stumm. Stummheit –
> Scham – läßt meine Stimme noch heute brechen...

Während des ersten stummen Schuljahres sprach ich mit niemandem in der Schule, fragte nicht, bevor ich auf Toilette ging und versagte im Kindergarten völlig...
Erst als ich herausfand, daß ich sprechen mußte, wurde die Schule zur Qual, wurde mein Schweigen zur Qual. Ich konnte nicht frei sprechen... „Lauter", forderte mich die Lehrerin auf und verscheuchte damit den Rest meiner Stimme.
Die anderen Chinesenmädchen konnten auch nicht frei sprechen, daher wußte ich, das Schweigen hatte etwas damit zu tun, daß ich eine Chinesin war.

Die Erzählerin haßt in ihrer Schulkameradin ihr eigenes Schweigen, ihr eigenes Versagen, ihre eigene Scham. Gleichzeitig bekämpft sie das in diesem „stillen Mädchen" personifizierte Ideal von Weiblichkeit:

Sie stand still und ich wollte ihr Gesicht nicht mehr sehen; ich haßte Zerbrechlichkeit. ... Ich haßte ihren schwachen Hals... Ich hoffte, meiner würde nicht aussehen
wie ihrer...
Sie war so ordentlich. Das machte mich fertig... Ich haßte ihre Kleidung – die pastellblaue Jacke, die weiße Bluse...
Ich haßte Pastellfarben; ich würde immer schwarz tragen...
„Warum willst du nicht sprechen?" Ich begann zu weinen.
„Ich will wissen warum. Und Du wirst mir erzählen warum.

Siehst du nicht, daß ich dir helfen will?... du bist eine Pflanze. Das ist alles was du bist, wenn du nicht sprichst.
Weißt du das? Wenn du nicht sprichst, kannst du keine Persönlichkeit werden."

In dem Kapitel des Buches, dem diese Reminiszenzen entstammen, beschreibt die Erzählerin, wie sie im Kampf mit sich selbst, ihrer amerikanischen Umwelt und ihrem chinesischen Elternhaus das Sprechen lernen mußte, da sie irgendwann begriffen hatte, daß „sprechen und nicht sprechen den Unterschied zwischen Vernunft und Verrücktheit bedeutete."

Das Grundproblem, das Maxine Hong Kingston hier beschreibt – die Erfahrung von Differenz, von Andersartigkeit, und die schmerzhafte Notwendigkeit, damit umzugehen – spielt durchaus auch im deutsch/deutschen Kontext der Nachwendezeit eine Rolle, selbst wenn wir alle dieselbe Sprache sprechen. Verschiedenartige Sozialisation, unterschiedliche Erfahrungen und Denkweisen äußern sich in Sprache oder, wenn sie nicht bewältigt werden, in Schweigen. Die sprachliche Bewältigung von Differenzen sind lebenswichtig. Strikte Unterordnung unter vorgegebene Rollenmuster nehmen einem die Menschlichkeit, machen einen zur „Pflanze." Die Chino-Amerikanerin, die ihre stille Mitschülerin verprügelt, will nicht chinesisch-feminin sein, zerbrechlich und still, daher beschließt sie, Holzfäller und Zeitungsreporter zu werden, stark und gesprächig. Da lacht das Herz einer Feministin und die Erfolgsstory auf chino-amerikanisch ist fertig: von der benachteiligten Tochter armer chinesischer Einwanderer, nach deren traditionellem Verständnis es besser ist, Gänse aufzuziehen als Töchter, zur starken, selbstbewußten amerikanischen Arbeiterin und Schreiberin. Das ist der Weg der Aufgabe chinesischen Geisterglaubens und frauenfeindlicher kultureller Tradition für die aufgeklärte demokratische Kultur der USA. – Aber das ist nicht die Geschichte, die Maxine Hong Kingston erzählt, denn es wäre die Geschichte des Opfers kultureller Wurzeln und der Unterordnung unter eine Kultur, die anders aber doch auch frauenfeindlich und kritikwürdig ist. Der Bruch mit ihrem Elternhaus und chinesischer Tradition ist eine Station auf dem Weg der Protagonistin des Buches, die nicht die letzte sein kann:

> Ich mußte mein Zuhause verlassen, um die Welt logisch zu sehen; Logik, die neue Art des Sehens. Ich lernte zu glauben, daß Geheimnisse zur Aufklärung da wären. Ich freute mich an Einfachheit. Beton fließt aus meinem Mund und bedeckt die Wälder mit Autobahnen und Bürgersteigen. Gebt mir Plaste, Periodensysteme, Fertigmahlzeiten, nicht komplizierter als Erbsen und Möhren. Leuchtet dunkle Winkel mit Flutlichtern aus: keine Geister mehr.

Ein Schreckensbild der Phantasielosigkeit, der Härte und des Geschichtsverlusts – eine Station aber nicht das Ziel der dargestellten Entwicklung. Die Erzählerin ist nicht Holzfäller, sondern „Storyteller“ geworden, eine Schriftstellerin, die ihre eigene mit der Geschichte ihrer Familie, mit deren überlieferten chinesischen Sagen- und Vorstellungswelt sowie mit den Erfahrungen amerikanischer Realität verwebt. Das Buch schließt mit der Neufassung der „Eighteen Stanzas for a Barbarian Reed-Pipe“ von der chinesischen Lyrikerin Ts'ai Yen, die von den Barbaren geraubt deren Art zu singen lernte und bei ihrer Rückkehr Gesang in der Art der Barbaren mitbrachte. Diesen Gesang, heißt es auf der letzten Seite des Buches, diesen Gesang „singen die Chinesen zur Begleitung ihrer eigenen Instrumente. Und er ließ sich gut übersetzen.“ Und so wie Ts'ai Yen als Mittlerin zwischen den Kulturen versteht Maxine Hong Kingston ihre Rolle als Schriftstellerin.

Daher beginnt das Buch nicht mit den Ereignissen aus der Kindheit des chino-amerikanischen Mädchens zweiter Generation, die hier in den Mittelpunkt standen, sondern erzählt wie das Mädchen zum ersten Mal vom Schicksal einer namenlosen Tante erfährt, die in China wegen der Geburt eines unehelichen Kindes Selbstmord beging, und die seitdem von der Familie totgeschwiegen wurde. Die Geschichte der Tante wird zum Teil der Geschichte des Mädchens wie die der legendären chinesischen Fa Mu Lan, der „Woman Warrior“, die für ihre Familie und ihr Land in den Kampf zieht, die Feinde besiegt und siegreich heimkehrt.

Und auch die im dritten Kapitel erzählte Geschichte ihrer Mutter, die in China als geachtete Ärztin „ihren Mantel niemals selbst aufzuhängen hatte“ und in Amerika unter schwersten Bedingungen in ihrer kleinen Wäscherei schuftet, gehört in die „Memoiren einer Kindheit unter Geistern“ wie die Geschichte der Schwester der Mutter, die Amerika um ihren Mann und ihren Verstand brachte. Erst im letzten Kapitel verbinden sich die Erfahrungen dieser möglichen und unmöglichen Rollenmuster in der Geschichte des Mädchens, das mit Gewalt gegen sich und andere ihren eigenen Weg sucht und findet; das Taboos ihrer elterlichen Kultur bricht, indem sie die Probleme beider Kulturen im wahrsten Sinne des Wortes „zur Sprache bringt."

Der Roman propagiert nicht die einfache Lösung des Problemfeldes „kulturelle Differenz", die im Kontext des „American Dream" immer auf Anpassung „der Anderen" an „die", nämlich weiße europäisch bestimmte, Norm gerichtet ist, sondern die Fruchtbarkeit des Erhalts von Differenz: Aus der Chinesin wird keine Amerikanerin, sondern das Kind chinesischer Einwanderer entwickelt eine dritte, eine chinesisch-amerikanische Identität, die sich irgendwo zwischen den Kulturen bewegt, ohne jedoch einfach fixierbar zu sein. Verschiedene Theoretikerinnen und Theoretiker haben dieses Phänomen unterschiedlich zu benennen versucht und es mit Termini wie „multiple Identität" (multiple identity), „Subjekt im Werden" (subject in the making) oder „differenziert-differenzierendes Bewußtsein (differential consciousness) belegt. Alle diese Bezeichnungen kommen aus dem theoretischen Diskurs der „Farbigen", der „Drittweltfeministinnen", der „ethnischen Minoritäten", d.h. derer, die sich im Diskurs weißer Feministinnen nicht vertreten oder bevormundet sehen. Die Chicana, d.h. mexikanisch-amerikanische, Gloria Anzaldua schreibt gemeinsam mit einer anderen Chicana, Cherrie Moraga,

> Wir sind die Farbigen in einer weißen feministischen Bewegung. Wir sind die Feministinnen unter den Menschen unserer Kultur. Oft sind wir die Lesben unter den Heteros.
>
> Wir wollen für alle Frauen – besonders für die weißen

> Mittelklassefrauen – die Erfahrungen beschreiben, die uns als Feministinnen voneinander trennen; wir wollen die Ursachen, die Quellen und die Lösungen für diese Teilung untersuchen. Wir wollen umfassender definieren, was „feministisch" für uns bedeutet.

Und Cherry Moraga stellt fest:

> Was bin ich? Eine lesbische Feministin der dritten Welt mit marxistischen und mystischen Neigungen. / die weißen Mittelklassefrauen/ würden mich in kleine Stückchen hacken und jedes mit einem Zettel versehen.

Sie ist eine Persönlichkeit, die gleichzeitig alle diese z.T. einander widersprechende „Stückchen" in sich vereint, und sie läßt sich nicht auf eines davon festlegen, schon gar nicht von den „weißen Mittelklassefeministinnen" der USA.

Auch Deutschland ist inzwischen ein Land, in dem ganz verschiedene Kulturen leben, oft mehr neben- als miteinander und im offiziellen politischen Bild und in so manchem Kopf gern homogenisiert. „Die Ausländer" aus Jugoslawien, der Türkei, dem Irak oder dem Iran stammen heute oft schon aus der zweiten Generation, wie Maxine Hong Kingston, und die Kinder dieser ethnischen Minoritäten machen in den Schulen ähnliche Erfahrungen wie die Chino-Amerikanerinnen, von denen die amerikanische Autorin schreibt. Die „fremde" US-amerikanische Literatur mag mehr über deutsche Probleme sagen, als vermutet.

„Wie definiere ich mich?" schreibt Anja Bandau, Promoventin an der Universität Potsdam, Staatsbürgerschaft deutsch, Geburtsland DDR, Hautfarbe schwarz.

Wie definiere ich mich? Als Schwarze deutsche Frau, OstdeutschSchwarz, Woman of color, Afrodeutsche, zwischen zwei Kulturen/zwei Welten?

Die Arbeit zur Chicano Literatur hat Anja zum ersten Mal die Möglichkeit gegeben, sich über die Beschäftigung mit mexikanisch-amerikanischer Identität mit ihrer Situation als „schwarzer“ Frau im „weißen“ Deutschland theoretisch auseinanderzusetzen.

Eine Identität zu finden, heißt für sie als Afrodeutsche, auf die Illusion einer homogenen Identität zu verzichten – und der Verzicht auf Homogenisierung des Textkorpus in Anzalduas *Borderlands/ La Frontera* mag ihr daher schon intuitiv entgegengekommen sein. „Grenzgebiete“ oder „Land an der Grenze“ könnte man den Titel übersetzen und seine metaphorische Dimension für das Erfassen von nichteindeutigen, vielseitigen, komplizierten Zusammenhängen liegt auf der Hand. Die Autorin schreibt einleitend:

> Das wirkliche, physische Grenzgebiet, mit dem ich mich in diesem Buch beschäftige, ist die US-amerikanisch-mexikanische Grenze. Die psychologischen Grenzgebiete, die sexuellen Grenzgebiete und die spirituellen Grenzgebiete sind nicht auf das Gebiet beschränkt. In Wirklichkeit existieren „Grenzgebiete“ überall da, wo zwei oder mehr Kulturen sich überschneiden, wo Menschen unterschiedlicher Rassen dasselbe Territorium bewohnen, wo unterschiedliche Klassen miteinander in Berührung kommen, wo der Raum zwischen zwei Individuen durch Intimität schrumpft.
>
> Ich bin ein Frau der Grenze. Ich wuchs auf zwischen

zwei Kulturen, Mexikanischer (mit einem starken indianischen Einfluß) und Anglo (als Angehörige eines kolonialisierten Volkes auf unserem eigenen Territorium). Ich habe mein ganzes Leben im Spagat zwischen der mexikanisch-amerikanischen und anderer Grenzen verbracht. Das ist kein angenehmer Lebensraum, dieser Ort der Widersprüche. Haß, Zorn und Ausbeutung sind die hervorstechenden Charakteristika dieser Landschaft.

Allerdings gibt es einen Ausgleich für diese mestiza, und bestimmtes Glück. An Grenzen und am Rande zu leben, während man seine sich verändernde und multiple Identität bewahrt, ist als ob man versuchte, in einem neuen Element zu schwimmen, einem „fremden" Element. Es erzeugt ein Hochgefühl, Teilnehmer an der weiteren Evolution der Menschheit zu sein, „bearbeitet" zu werden. Ich habe das Gefühl, daß bestimmte „Fähigkeiten" – nicht nur in mir, sondern in jedem Grenzbewohner, farbig oder nicht – daß schlafende Bewußtseinsebenen aktiviert und geweckt werden.

Seltsam, was?

In der Tat: seltsam, teilweise verwirrend, muten Sprache und Ideen dieses Textes an, der das Gefühl der Inhomogenität des Grenzdaseins in vielerlei Hinsicht spiegelt und verkörpert: er mischt geschichtlichen Exkurs mit persönlichem Erfahrungsbericht, wissenschaftlichen Stil (einschließlich Zitaten und Fußnoten) mit schöngeistigen Passagen, Lyrik mit Prosa. Der Erzählwinkel wechselt und die Autorin scheint mit dem „ich" im Text zu verschmelzen, nur um im nächsten Absatz wieder aus sich herauszutreten und im „sie" sich selbst gleichermaßen von außen zu betrachten. Wie Kingston findet Anzaldua nicht im Alleingang zu sich, sondern über andere. Allerdings ist es in ihrem Falle weniger die private Familienhistorie als die Auseinandersetzung mit der Geschichte der Fremdbestimmung ihres Volkes, die sie nicht nur in die Lage versetzt, ihre eigen Individualität zu entfalten, sondern auch den Versuch der Schaffung einer kollektiven Identität der Chicana zu wagen. Dazu muß sie – wie Kingston – ihr „Zuhause verlassen, um sich selbst zu finden", und sich zunächst von ihrer „Mutter-Kultur" lossagen: von deren Frauenfeindlichkeit, deren verdecktem Haß gegen die Indianer und deren Verachtung der dunklen Hautfarbe. Und wie die Chino-Amerikanerin bleibt Anzaldua nicht dabei stehen, sondern schreibt die Geschichte ihres Volkes auf und seine Mythen um mit dem Ziel, eine neue Chicana-Identität zu schaffen. Anzalduas „Ich" allerdings beruht ganz wesentlich auch auf der Mischung von Spanisch und Amerikanisch, während für Kingston die chinesische Sprache, allein der großen räumlichen Entfernung zu China wegen, wohl aber auch aufgrund des anderen Zeichensystems, nicht mehr völlig verständlich ist – sie greift zum Wörterbuch, um bestimmte Wendungen, die ihre Mutter benutzt, zu entschlüsseln und kann nicht immer mit befriedigenden Resultaten aufwarten. Anzaldua dagegen benutzt gezielt eine Mischsprache, um Identität zu stiften:

> Der Wechsel der „Codes" in diesem Buch von Englisch zu castillianischem Spanisch zu nordamerikanischem Dialekt zu Tex-Mex zu einem Spritzer Nahuatl zu einem Gemisch all dieser Sprachen, spiegelt meine

> Sprache wieder, eine neue Sprache – die Sprache der Grenzgebiete. Dort, bei der Verbindung von Kulturen, befruchten Sprachen einander und werden wiederbelebt; sie sterben und werden geboren. Gegenwärtig ist dieses Sprachkind, dieser Sprachbastard Chicano-Spanisch, von keiner Gesellschaft anerkannt. Aber wir Chicanos fühlen, daß wir nicht länger um Eintritt betteln müssen, daß wir nicht immer den ersten Schritt machen müssen, um für Anglos, Mexikaner und Latinos zu übersetzen, Entschuldigungen aus unseren Mündern träufelnd mit jedem Schritt. Heute bitten wir, uns auf halbem Wege entgegenzukommen. Dies Buch ist eine Einladung für Euch – von den neuen Mestizas.

Die Hybridität des Textes und seiner Sprache reflektiert die Hybridität der Autorin, für die diese seit Jahrhunderten als negativ markierte Eigenschaft nicht „reiner" sondern gemischter Abstammung zu sein, weniger existentieller Makel als vielmehr unendliche Möglichkeit der Existenz darstellt, „Teilnehmer der unendlichen Evolution der Menschheit" zu sein.

Eines der großen Probleme für die Rezeption des Buches beruht freilich genau auf der selbstbewußten Verwendung der verschiedenen Sprachen, die zumindest die Kenntnis von Englisch und Spanisch voraussetzt und es schwer-, eigentlich unübersetzbar, macht. Anzalduas „Einladung" zur Verständigung mit ihrer Kultur setzt mehr Arbeit voraus als einen touristischen Kurzbesuch, mehr als sie im Normalfall von uns aufgebracht wird – aber möglicherweise braucht die Begegnung mit anderen Kulturen eben mehr als guten Willen und Einsicht.

Eine Lehre, die jeder auch aus Toni Morrisons *Beloved* herauslesen kann, so er die wenigen Weißen des Buches Revue passieren läßt. Es scheint, als ob die Großzügigkeit Mr. Garners, des vormaligen Sklavenhalters von Sweet Home, seinen Sklaven mehr schadete, als wenn er sie durch die übliche Härte auf das vorbereitet hätte, was sie „normalerweise" von Amerika zu erwarten hatten. So verstärkt das – freilich sehr begrenzte – Selbstbewußtsein, das die schwarzen Männer und Sethe, die schwarze Frau, auf Sweet Home erworben haben, die im Roman erinnerte Katastrophe eher. Nur das weiße Mädchen, das Sethe bei ihrer Flucht hilft, selbst arm und gedemütigt und doch uneigennützig zur Hilfe bereit, scheint für einen Moment eine Brücke zu „der Anderen" zu schlagen. Aber das Verhältnis, der Weißen zu den Farbigen ist nicht das Thema Toni Morrisons, wenngleich es in allen ihren Werken als Subtext ständig präsent ist; sie schreibt zunächst über und für ihre Kultur. In *Beloved* wendet sie sich großen Themen der schwarzen Geschichtsschreibung zu: der Sklaverei und dem Sklavenhandel zwischen Afrika und Amerika. Der Roman erzählt die Geschichte der entlaufenen Sklavin Sethe, die mit ihren Kindern in Ohio bei der Mutter ihres auf der Flucht verschollenen Mannes Unterschlupf fand. Dort wird die Familie von Kopfgeldjägern aufgespürt, die sie den geltenden Gesetzen des Nordens entsprechend zu ihrem „Eigentümer" zurückbringen wollen. Um dem zu entgehen, versucht Sethe, sich und ihre Kinder umzubringen, wird aber durch das Eindringen der Häscher daran gehindert, und nur das kleine Mädchen stirbt von ihrer Hand. Der Mord an ihrer Tochter lastet schwer auf Sethe, die wir zu Beginn des Buches gebrochen und verzweifelt finden – von der schwarzen Gemeinschaft des Ortes verstoßen und von ihrer eigenen Erinnerung verfolgt, die sie mühsam zu verdrängen sucht.

Toni Morrison verletzt mit ihrem Roman *Beloved* Taboos der schwarzen Geschichtsschreibung, indem sie nicht nur die Leiden und Opfer sondern auch die Fehler und Irrwege in der afrikanisch-amerikanischen Geschichte beschreibt. Sie bricht die schematische Opposition schwarze Opfer / weiße Verbrecher auf, ohne daß damit die Verbrechen der weißen Seite weniger ungeheuerlich werden. Aber „die Opfer" werden zu Menschen, die verzweifeln und auch schuldig werden. In einem Interview sagt Morrison:

> Die Story ist nicht Sklaverei. Die Story sind diese Menschen, die nicht wissen, daß sie sich in einer Situation von historischem Interesse befinden. Sie wissen einfach, daß sie durch diesen Tag zu kommen haben. Ich beschäftige mich mit fünf Jahren des Schreckens in einer pathologischen Gesellschaft... diese Menschen leben in jener Situation und sie überleben – und sie versuchen verzweifelt, Eltern, Ehemänner, und eine Mutter mit Kindern zu sein.

Die auf einem historisch belegten Fall beruhende Geschichte verflicht die Autorin mit Reminiszensen an die „Middle Passage" oder „the Atlantic Crossing", die Überfahrt der Afrikaner auf den Sklavenschiffen, mit der die leidvolle Geschichte ihres Volkes begann, die aber ungenügend dokumentiert ist, und daher aus der Geschichte Amerikas ausgeblendet scheint. Diese Lücke zu schließen, beschreibt Morrison als weiteren Anlaß für ihr Buch:

> Ich suchte lange in der Folklore und in den Liedern,

aber da ist eine große Lücke. Was ist diese Amnesie?
Ich begann damit, eine Story über das Selbstgefühl schreiben zu wollen.

Dieses „Sich-selbst-Schreiben“ und damit „Sich-Selbst-Finden“ ist in Morrisons Falle keine persönliche oder mit ihrer Kultur verwobene Autobiographie, sondern ein Geschichtsaufriß ihres Volkes, der sich im verzweifelten Schicksal von Sethe kristallisiert, die an ihrer Geschichte fast zugrunde geht. In der Titelfigur Beloved, der zu gespenstischem Leben erweckten toten Tochter Sethes, hebt Morrison Erfahrungen des ganzen Volkes auf. In den Worten von Beloved verweben sich die Erfahrungen der Greuel einer entlaufenen Sklavin mit der Todeserfahrung eines Kindes und dem grauenhaften Schicksal tausender von Sklaven, die auf Schiffen eingepfercht unter unbeschreiblichen Bedingungen in die Sklaverei getrieben wurden, vor Krankheit, Hunger, Durst, Verzweiflung und unter den Schlägen, Tritten und Erniedrigungen ihrer Peiniger sterbend:

Ich bin Beloved und sie ist mein. Ich sehe sie Blumen von Blättern nehmen sie legt sie in einen runden Korb die Blätter sind nicht für sie sie füllt den Korb sie öffnet das Grass ich würde ihr helfen, aber die Wolken sind im Wege ... alles ist jetzt es ist immer jetzt es wird niemals eine Zeit geben zu der ich mich nicht ducke und andere beobachte die sich auch ducken ich ducke mich immer

der mann auf meinem gesicht ist tot sein gesicht ist nicht mein sein Mund riecht süß aber seine Augen sind verschlossen einige die essen beschmutzen sich selbst ich esse nicht die Männer ohne Haut bringen uns ihr

Morgenwasser zu trinken wir haben keins nachts kann ich den toten mann auf meinem Gesicht nicht sehen Tageslicht dringt durch die Risse und ich kann seine verschlossenen Augen sehen ich bin nicht groß kleine Ratten warten nicht bis wir schlafen

Im Verlauf des Romans muß Sethe lernen, sich der Erinnerung zu stellen, sich jedoch nicht in ihr zu verlieren, sondern sich selbst zu finden. Ihr Lebens-und Leidensgefährte Paul D. sagt ihr am Ende des Buches:

> Du und ich, wir haben mehr Gestern als jeder andere. Wir brauchen irgendein Morgen. ... Du bist das beste, was du hast, Sethe. Du bist es.

Toni Morrisons Romane loten Möglichkeiten schwarzer Identität in den USA aus. Voraussetzung dafür ist die selbstbewußte Auseinandersetzung mit Geschichte und Gegenwart in einem Erinnerungsprozeß, der schmerzhaft aber unbedingt notwendig ist. In einem Interview, das sie der in Zürich erscheinenden Wochenzeitung 1993 gab, erklärte sie:

> Ein Verhältnis zur Erinnerung finden zu müssen, zeichnet eine unterdrückte Kultur noch nicht aus. Aber eine unterdrückte Kultur macht die Erfahrung, daß die Herrschenden alles tun und unendlich viel Zeit dafür aufwenden, um einen vergessen zu lassen. Sie rauben zuerst die Sprache und sagen: Ihr habt keine Sprache, ihr habt keine Kunst.
>
> Um die unterdrückte Kultur vollkommen von der dominanten Kultur abhängig zu machen, wird alles, was sie hervorbringt, abgetötet und entwertet. Unterdrückte Menschen kämpfen immer um ihre Unterschiedlichkeit, um die Differenz, weil gerade sie immer

bedroht ist. Sie bestehen darauf – auf ihre Art zu sprechen, so zu tanzen, wie sie tanzen, und ihre eigenen Geschichten zu erzählen. Je größer die Unterdrükkung, desto notwendiger ist es, sich zu erinnern. Und zugleich liegt darin auch die Gefahr, sich in der Erinnerung zu verlieren.

Dies erfaßt nicht allein die lebensnotwendige Funktion von Sprache und Erinnerung für die African-Americans, sondern auch die Bedeutung von Anzalduas Textprojekt für die Chicanos, von Kingstons Memoiren für die Chinese-Americans und ganz generell von Literatur in allen Bereichen, in denen zwei verschiedene Kulturen sich berühren, überschneiden, miteinander konkurrieren. Geschrieben wird gegen das Schweigen: „You must not tell anyone" beginnt Maxine Hong Kingston *The Woman Warrior*, und wir lesen, was verschwiegen werden sollte und erzählt werden muß, damit die Protagonistin ihre Identität gewinnen kann. „This is not a story to pass on" beschließt Toni Morrison ihre Schilderung der grausamen Geschichte Sethes, die unaussprechbares Leid für sich und ihre Kinder nur überleben kann, wenn sie darüber spricht. Und „How to tame a wild tongue?" fragt sich Gloria Anzaldua und antwortet: „Wilde Zungen können nicht gezähmt werden, man kann sie nur herausschneiden."

Jeder Mensch braucht seine eigene Sprache, um zu sich selbst, aber auch zu anderen zu finden: „Wenn Du nicht sprichst, kannst du keine Persönlichkeit werden."

Maxine Hong Kingston, The Woman Warrior. Memoirs of a Childhood Among Ghosts. Alfred A. Knopf: New York, 1976.
Gloria Anzaldua, Borderlands/ La Frontera. The New Mestiza. Aunt Lute Book Company: San Fransisco, 1987.
Toni Morrison, Beloved. Alfred A. Knopf: New York 1987. Maxine Hong Kingston, Die Schwertkämpferin. Ullstein: Berlin, 1982.
Toni Morrison, Menschenkind. Rowohlt: Reinbek, 1989.

Übertragung der englischen Texte ins Deutsche: Verf.

Sonia Solarte
Wer wird rebellisch zum Licht vordringen?

Sklavin der Erde des Traumes
lässig und ohne Himmel
um irgend einen Ruhm zu gewinnen
selbst den mich aus den Augen zu verlieren
oder die Ewigkeit zu verfehlen
treibe ich das elementäre Rad voran
weigere mich den Weg zurückzugehen
oder gegen die Schatten der Vergangenheit zu kämpfen
ich weigere mich, mich der Macht meiner Sehnsüchte
zu unterwerfen

Es kommt die Nacht und im Strom der
Menschenmenge
wächst ein Schrei. Irgend jemand singt seine Traurigkeit
und der Fluß seiner Tränen
verwischt seine Spur
Jemand ist keine Materie
ein wenig von diesem und jenem

Blues für dich
Ich küsse dich falls der Tod
seinen Reigen vorzieht
Ich nenne dich um die Entfernung
die uns verletzt zu ignorieren
Ich umarme dich mit dem Dolch meines Blutes
ich erdenke dich aus Stein, unbesiegbar

Dein Bild hält mich wach
aber wenn die Leere kommt
wenn es Abgründe zwischen Wort und Wort gibt
und wenn anonyme Windstöße drohen
deine Züge hinweg zu tragen
wer wird dann rebellisch zum Licht vordringen?

Der Horizont verwischt Silbertöne
dunkle Früchte tränkt der Sturm
es gibt eine verbotene Tür und um sie herum
blitzen wie Funken
die Arme des Wassers und eine andere Haut bedroht
mit rachsüchtigen Lüsten
in totaler Hingabe
das Feuer aller Chimären

Ich liebe den Mond
und verliere das Grab des Tages
wissend, daß es nicht wichtig ist
Ecken mit dem Blick zu verschlingen
oder an Zeremonien teilzunehmen
trunken von menschlicher Liebe

Übersetzung: Wera Zeller

Viola Altrichter

geboren 1945 in Hamburg, lebt in Berlin
Arbeitsgebiete: Hörspiel, Essay, Feature, Märchen
Das Loch, Hörspiel, Radio Bremen, Saarl. Rundfunk, DS Kultur, 1991
Schattenpaare, Hörspiel, WDR 1991

Angelika Janz

geboren 1952 in Düsseldorf, lebt in Essen und Aschersleben, Mecklenburg-Vorpommern
Einzel- und Gruppenausstellungen im In- und Ausland
Arbeitsgebiete: Lyrik, visuelle Poesie, Prosa, Hörspiel, Bildtextarbeit
Schräge Intention, Gedichte, edition ch, Hrsg. Franzobel, 1995
Fragmenttexte von Deut zu Deutung, Siegen 1995

Stefanie Menzinger

geboren 1965 in Gießen, lebt in Liepaja, Lettland
Arbeitsgebiet: Prosa
Die Wäscherin, In: *Erste Einsichten, Neueste Prosa aus der Bundesrepublik*, hrsg. von Christian Döring und Hajo Steinert, edition suhrkamp, 1990
Schlangenbaden, Erzählungen, Amman Verlag, 1994

Doris Meißner-Johannknecht
geboren 1947, lebt in Dortmund
Arbeitsgebiete: Erzählung, Kinderliteratur, Jugendliteratur, Theaterstücke, Rezension, Hörspiel, Roman
Vollkornsocken, Anrich Verlag, Weinheim 1996
Kopflaus, Peter Hammer Verlag, Wuppertal 1996

Tina Stroheker
geboren 1948 in Ulm, lebt in Eislingen
Arbeitsgebiete: Lyrik, Kinderbuch
Gebirge und schöne Mühen, Gedichte und Katalogbuch, Eislingen 1995

Viola Altrichter

Das Loch

Hörspiel (Auszug)

Personen
Nora
Großmutter
Erzähler
Kindermädchen Melinde
Frau Uphoff
Lehrerin
Kinderpsychologin
Garderobiere
Kind Lisa
Sensationszeltbesitzerin

Mutter	Steh auf in deinem weißen Kleid
Nora	Wer spricht?
Mutter	Ein Traum.
Nora	Träume sind selig.
Mutter	So träum dich selig und laß mich dein Traum sein.
Nora	Der Tod ist der seligste Traum aber die Erde ist eine Schale von dunklem Gold.

Sonate für Klavier und Geige von Franz Schubert

Großmutter	(Alles in sanftem Ton) Wenn die Frau vom Doktor kommt, die Dame mit dem weißen Haar, sagst du „Guten Tag, Frau Doktor" und machst einen Knicks. Deine weißen Handschuhchen behältst du während des Abends an, nur während des Essens ziehst du sie aus.
Nora	Julchen ist schon sehr verständig und bewegt sich eigenhändig.
Großmutter	Du sprichst nur, wenn du gefragt wirst. Sitz gerade am Tisch und zappel nicht. Sprich nie mit vollem Mund. Du fängst erst mit dem Essen an, wenn deine Mutter sich an den Tisch gesetzt hat.
Nora	Also sprach im ernsten Ton, der Papa zu seinem Sohn.
Großmutter	Ich wünsche keine Ellenbogen auf dem Tisch zu sehen. Du stehst nach dem Essen nicht vom Tisch auf, bevor ich aufgestanden bin. Guck nicht immer so böse. Lächle.
Nora	Großmutter, warum hast du so große Zähne?
Großmutter	Vorher müssen aber deine Haare gewaschen werden. Melinde! Das rote Samtkleid und die Lackschuhe habe ich bereits rausgelegt. Melinde! Wo bleiben Sie denn?
Nora	Und die Mutter blicket stumm auf dem ganzen Tisch herum.
Großmutter	Die rosa Samtschleife binde ich dir dann selber. Melinde! Wo bleiben Sie denn,

wenn man Sie braucht? Waschen Sie Nora den Kopf.

Plötzlicher Abbruch der Sonate

Erzähler ist immer ohne Atmo

Erzähler — Es soll so weit wie möglich vom Haus entfernt sein. Entweder unter den Holunderbüschen auf der linken oder gleich neben den Weiden auf der rechten Seite. Am Ende des Grundstücks wachsen undurchdringliche Heckenrosen direkt am Kanal. Dort wimmelt es von Ratten. Die Weiden liegen zu nahe am Nachbargrundstück. Die Holunderbüsche sind ideal: das Land dahinter ist verwildert, das Haus, zu dem es einst gehörte, ausgebombt, der Holzzaun morsch. Sie legt die Handinnenflächen auf den Boden. Er ist trotz der frühsommerlichen, warmen Witterung kalt.

Stimmengewirr in einem Theaterfoyer

Großmutter — Der Dummling aber setzte sich auf den Stein und wie er so hin und her wankte, schob sich der Stein fort und darunter lag eine Marmorplatte mit einem Ring. Der Dummling hab sie auf und da war eine Treppe, die führte hinunter. Darauf ging er fort und kam in ein unterirdisches Gewölbe, da saß ein Mädchen.

Lied: „Schlaf, Kindchen, schlaf…" unter folgende Szene

Melinde — Nun hab dia nich so!
Halt endlich stille, verdammt Jöre!

Mutter — Sende nach der alten Stadt Fierboys, dort auf Sankt Kathrinns Kirchhof, ist ein Gewölb, wo viel Eisen liegt, von alter Siegesbeute aufgehäuft. Das Schwert ist drunter, das mir dienen soll.

Melinde — Du hast Seife in de Ojen, weil de nich stille hälst!
Ik werd dia helfen, wieda det janze Haus zusammenbrüllen! Nich mit mia!!

Mutter — An drei goldenen Lilien ist's zu kennen, die auf der Klinge eingeschlagen sind! Dies Schwert laß holen, denn durch dieses wirst du siegen!!

Applaus

Erzähler — Sie kratzt die Erde mit den Fingernägeln auf und zieht schmale Furchenstreifen über die trockene unbewachsene Oberfläche. Mit den Schuhkuppen stößt sie mehrmals in die Erde, bis die Zehenspitzen schmerzen. Ein hellbrauner, blasser Wurzelstrang ist freigelegt. Erst versucht sie ihn mit einer, dann mit beiden Händen herausziehen. Sie reißt ein mehrfach miteinander verbundenes Wurzelnetz aus dem Boden. Die Wurzel steht halb heraus gerissen in der Luft.

Sonate für Klavier und Geige von Schubert

Mutter — ...das ist Onkel Hans. Bedank dich.
Die Wundertüte ist von ihm. Gib ihm die Hand. Mir zuliebe.
Onkel Hans wird von nun an bei uns

wohnen. Entweder du sagt ihm jetzt „Guten Tag“, oder du machst mich sehr, sehr traurig.

...

Sich senkender Stimmenpegel vor Beginn einer Vorstellung

Mutter — Bist doch nur ein arm Hurenkind und machst deiner Mutter Freud mit deim unehrliche Gesicht! Sa! Sa! Was die Sterne glänzen! Was sin's für? Schlaf. Drück die Auge zu, fest! Noch fester! Bleib so still, oder er holt dich! Das Schlafengelchen, wie's an der Wand läuft. Die Augen zu, oder es sieht dir hinein, daß du blind wirst!

Sonate von Schubert

Melinde — Jut, komm rin zu mia ins Bette. Is wieda keen Mensch zu Hause, wa? Na komm schon. Is schön warm, was?

Nora — In der Kammer stumm und donkel, schläft die Tante mit dem Onkel.

Melinde — Wo hast dette denn wieda her? Bist doch viel verschlagener als de dia jiebst, wa? Weeßte denn schon wie man Kinda macht? Und wo die rauskommen? Soll ik dia dette ma zeijen?

...

Buh-Rufe, Pfiffe, Applaus

Nora — Meine Mutter hat mir aber erlaubt, den Kinderfilm zu sehen. –

	Onkel Hans läßt mich meinen Film nicht sehen. Der darf alles und ich darf nichts!
Mutter	Mach mich nicht rasend! Dich, dich liebe ich! Da! Da! Ich ruf's dir zu, als ob ich schon jenseits des Grabes wandelte, wo niemand mehr rot wird, wo sie sich alle nackt und frierend aneinander vorbei schleichen, weil Gottes furchtbar heilige Nähe in jedem den Gedanken an die anderen bis in die Wurzeln weggezehrt hat. (Pause) Hier. Gib mir weiter das Stichwort.
Nora	Mich? Noch immer mich? Klara, ich hab's geahnt, als ich dich draußen im Garten sah.
Mutter	Hast Du? Oh, der andere auch, und er trat vor mich hin: „Er oder ich." Oh, mein Herz, mein verfluchtes Herz; um ihm, um mir selbst zu beweisen, daß es nicht so sei, oder um's ersticken, wenn's so wäre, tat ich, was, ich jetzt...
Erzähler	Zwei nackte, rosa glänzende Regenwürmer ringeln sich auf der frei gelegten Erde. Mit einem kräftigen Spatenstoß zerteilt sie beide in der Mitte. Jede gefüllte Schaufel federt sie mit dem rechten Oberschenkel ab und wirft die Erde im flachen Bogen rechts hinter die sich langsam vertiefende Erdaushöhlung. Und je tiefer sie kommt, um so hartnäckiger sind die Wurzelstränge miteinander verknäult, holzig,

dick, gekrümmt und beinahe hart wie Stein. Sie kann sie weder herausreißen, noch wie die anderen bisher, mit der spitzen Schaufel zerhacken. Sie besorgt sich eine Axt.

Stimme der Mutter ist zu hören, wie von jemandem, der unter einer Decke liegt

Mutter (inniger, scherzhafter Tonfall) Fräulein, nun Fräulein! Nora! Nun, das schläft! He, Lamm, he Fräulein! – Pfui Langschläferin! – Mein Schätzchen, sag ich. Süßes Herz! Mein Bräutchen! Was? Nicht ein Laut? Ja doch! Wie gesund sie schläft! Ich muß sie aber wecken! Was? Schon in vollen Kleidern? Und so sich wieder hingelegt? Ich muß durchaus Euch wecken. He, Fräulein! Fräulein!

Nora (Unter der Decke) Du bist eben erst nach Hause gekommen. Wo warst du heute Nacht?

Mutter Du müßtest dich selbst einriegeln in Deine Hölle, wenn man dir von außen die Tür öffnen wollte. Es kommt mir ein entsetzlicher Gedanke: ich glaube, es gibt Menschen, die unglücklich sind, unheilbar, bloß weil sie sind.

Sonate von Schubert

Großmutter Es war einmal eine Geiß. Diiiiieeeee hatte sieben junge Geißlein und hatte sie lieb wiiiiieeeee eine Mutter ihre Kinder lieb hat.

Brausender Applaus mit Zwischenrufen: Zugabe! Bravo!

Mutter — Natürlich wußtest du, daß ich für sechs Wochen nach Nizza verreise. Darum brauchst du doch nicht wieder zu heulen. Ich brauche meine Erholung. Ich arbeite für euch und da gönnst du mir nicht...
(Pause)
Das kann dir doch egal sein, mit wem ich fahre, oder?
(Pause)
Nächstes Jahr reisen wir zusammen. Nur wir beide allein, ja?
(Pause)
Dieses Jahr? Fährst du wieder in das schöne Kinderheim in die Alpen.

Nora — Ricke Racke mit Geknacke

Applaus tritt in den Hintergrund / nur noch vereinzeltes Klatschen

Großmutter — Hast du die Spule herunterfallen lassen, so hole sie auch wieder herauf, sagte die strenge Mutter unbarmherzig. Da ging das Mädchen zu dem Brunnen zurück und wußte nicht, was es anfangen sollte und in seiner Herzensangst sprang es in den Brunnen hinein, um die Spule zu holen.

Erzähler — Sie kratzt die Erde vom Hauptwurzelstamm frei. Sie hebt die Axt so hoch sie es vermag und läßt sie krachend auf das Holz fallen. Die Wurzel zerbirst halb. Ein zweiter und dritter Schlag erst hacken sie in der Mitte durch. Schuhe und Strümpfe sind schwarz mit Erde verklebt, die Knie aufgerissen, das Gesicht verschwitzt, der Schweiß mit erdverschmierten Händen weggewischt. Sie kann bis zu den Knien in dem ausgegrabenen Oval stehen und sich zum Ausruhen auf den von ihr gestochenen Rand setzen.

...

Im Hintergrund wird das Lied: „Der Mond ist aufgegangen" von einer hellen Mädchenstimme gesungen

Nora — Die Reise ist mir nicht lang geworden. Ich habe gelesen, gegessen und bin öfters in den Aussichtswagen gegangen. Die fremde Frau, die mich im Zug betreut hat, hat mich in den anderen Zug gesetzt. Sie war wirklich sehr nett. Wir haben uns gut unterhalten. Von der Bahnhofsmission war jemand da.

Ohne Atmo

Mutter — Ich lüge nicht – lüge nicht – hab nur einmal gelogen mein Leben lang – wie das eiskalt durch meine Adern schaudert – als ich den Brief schrieb an den Hofmarschall!

Lied

Nora — Mir geht es hier sehr gut. Ich werde immer dicker und brauner.

Ohne Atmo

Mutter — Dieser Brief – fasse dich ein entsetzliches

Wort zu hören – meine Hand schrieb, was meine Hand verdammte – ein anderer hat ihn diktiert.

Lied

Nora — Vorgestern habe ich mich im Wald verlaufen und fand ein Reh im Schnee liegen. Erst dachte ich, es wäre ein Kind hingefallen.

Ohne Atmo

Mutter — Der Gequälte glaubt auszuruhen, weil der Quäler einhalten muß, um Odem zu schöpfen, es ist ein Aufatmen wie des Ertrinkenden auf den Wellen, wenn der Strudel, der ihn hinunterzieht, ihn auch noch einmal ausspeit, um ihn gleich wieder aufs neue zu fassen, er hat nichts davon, als den zweifachen Todeskampf.

Lied

Nora — Ich rief den Heimleiter, der trug es in die Tenne. Es ist gestorben. Erst war ich traurig, aber dann doch froh, daß es der Fuchs nicht geholt hat. Der Heimleiter sagte auch noch, daß es eine innere Krankheit hatte. Bitte schickt mir Löschblätter.

Das Lied bleibt im Hintergrund

Mutter — Es war alt unter seinen blonden Locken. Den Frühling auf den Wangen und den Winter im Herzen. Der müde Leib findet sein Schlafkissen überall, doch wenn der Geist müde ist, wo soll er ruhen?

Ohne Atmo

Nora — Bewahrt bitte alle Zeitungen auf. Auch das Hamburger Abendblatt. Gestern mußten wir Liegekur machen. Schickt mir die Lillypuppe bitte nicht. Aber dafür das Poesie-Album, den Fotoapparat und Briefmarken: 8 Zwanziger, 10 Zehner und 12 Notopfer-Briefmarken und dann noch Zeichenstifte. Es regnet. 7 Mädchen aus dem Kinderheim haben einen Club gegründet. Sie heißen: Angelika Voges, Dagmar Grimm, Ingeborg Westfal, Gundula Bergmann, Frauke Ballin, Edda Umlauf und ich.

Großmutter — (singt) „Der Insulaner verliert die Ruhe nicht/ Der Insulaner liebt keen Jetue nich/ Der Insulaner, der hofft unbeirrt, daß seine Insel wieder schönes Festland wär/ Ach wär dit schön!"

Erzähler — Die ausgehobene Vertiefung hat sich zur Hälfte wieder mit Erde gefüllt. Sie schaufelt die von Wurzeln und Steinen befreite Erde mit wenigen kräftigen Spatenstichen zu ihrer Rechten auf einen Haufen. Die Erde ist trocken. Der Schaufelstil bricht. Wenn sie die Beine angewinkelt eng an den Leib preßt, kann sie sich in das Loch hineinzwängen. Die inzwischen aus dem halbmeterhohen Rand herausstehenden Wurzelenden stechen sie in den Rükken. Die Erde schmiegt sich kalt und feucht an die Hüften. Sie gräbt mit einer neuen Schaufel weiter.

Angelika Janz

Im Auftrag Kunst

Den Hals voller
kapitaler Knoten.
Sie streuen aus
Wortoberflächen
Notfläche
kollossalen Gemüths.
Bodenlos Schmutzsucher,
schamlos im Brotgesuch
hab ich nichts
übrig
für euch:
Verräter am eignen
Vertrauen, da
blühts Pilze als Filzen,
laßt uns über Auslege-
ware gehen zwischen Hotel-
Zimmerfluchten, ein Leben
führen vor Bar-
Sortimenten,
haßerfüllt auf eigne Verluste.

Schweinefresser, nasse
Schwitzfingerdenker,
Petzer Spaliertrinker in
Vorsitzermentalität.

Totwelt auf Rotwild
angesetzt
in furchtbar
geschlagenen Stunden.

Verenden und Erinnern

das eine tief
das andre flüssig
an Grenzen stößt
das eine nie
das andre müßig

die Luft verdünnt
die Erde friert
das andre rief
das eine fließt
entblößt ist keines
überdrüssig

Alter Gottzweifel

Sein Ohr ist groß
und sehr behaart:
es filtert außen, innen.

Zunächst den Schmutz
und dann den Ton –
es ist bejahrt, von Sinnen.

Ich steh davor,
im Hals den Kloß
und schon bewahrt im Linnen:

Mein Halt ist Trutz,
ich sing den Part:
„Bin unerstarrt schon drinnen!“

Wie milder Schutz!
Ein All liegt bloß,
mein Alles aber offen

Solang Gesicht scheint mir
der Stoß ins Nichts
des Falles unbetroffen

Stefanie Menzinger
Die Wäscherin

I

Das hört jetzt nicht mehr auf. Grünkopf und Schwerberger sind da und reden miteinander, die Schultern vorgebeugt schützen sie sich vor jedem, der mithört. Sie haben eine eigene Art sich zurückzuziehen und abzuschließen. Wenn Grünkopf redet, hört Schwerberger aufmerksamer zu als umgekehrt. Grünkopf spricht auch besser im Vergleich. Er setzt seine Worte scharf. Er ist der Redner. Schwerberger ist der geborene Zuhörer. Ich mag Schwerberger nicht. Er ist großgewachsen und mager. Wenn ich ihn wasche, fahre ich mit dem Lappen durch die Höhlung seiner Trichterbrust; eine Schulter neigt sich nach vorn und steht ab wie ein Flügel. Immer riecht er sauer und aasig. Selbst mit Bimsstein oder Kernseife geht das nicht weg.

Aber im Reden gefällt er sich. Beim Reden kann er eine schwarze Hose tragen und die schwarze Jacke und die Schulter vorstrecken, daß der Flügel ernst und wichtig aussieht. Beim Reden fühlt er sich sicher. Er schreit mich an, wenn ich ihn wasche, hält sich immer ein Tuch vors Geschlecht. Ich muß das dann waschen und auch auf das Tuch schauen. Er hat es noch nie weggezogen.

Grünkopf hat es manchmal weggezogen. Ich wette, er erzählt Schwerberger, wie er's weggezogen hat, als ich ihn heute morgen gewaschen habe. Ich habe ihn gewaschen von oben nach unten. Seine Brustwarzen waren klein und spitz und zusammengezogen. Ich mußte ihm erzählen, welchen Feldweg ich gestern wieder gegangen bin und ob ich jemand getroffen habe. Ich habe niemand getroffen, erzähle ich. Ich bin ganz allein unterwegs gewesen. Es war in der Abendzeit.

Ich habe mich auf eine Bank gesetzt. Ich habe mich auf eine Bank gesetzt, habe ich ein zweites Mal gesagt und ihn nicht angeschaut.

Er hob dann die Arme in die Höhe. Ich mußte ihn unter den Achseln waschen. Unter der linken hatte sich in den Haaren ein Käfer verfangen. Er schaute mir zu, wie ich ihn mit kleinen Fingern nahm; als ich dabei an den Haaren zog, schrie er auf und schlug mir auf den Hinterkopf.

Ich mußte den Käfer den Unterarm entlanglaufen lassen, ich mußte kurz seinen metallenen Panzer lecken, mußte ihn zwischen meinem Achselhaar verschwinden lassen und weiterwaschen.

Er roch nach Dung und dem Klo, das draußen auf dem Hof steht und selten benutzt wird.

Er zog dann das Tuch weg. Er hatte es schon vorher weggezogen, als ich ihm den Rücken wusch; er hatte es langsam und unauffällig getan; und langsam die Schnecke sich aus ihrem Haus geschoben. Ich erschrak, als ich mit dem Lappen unter das Tuch fahren wollte und keines mehr vorfand. Das, was ich sah, war sehr rot, und er betrachtete mich aus den listigen Augenwinkeln genau. Ich wusch und schnitt meine Hände an dem Rot der Schnekke, die langsam wieder zurückkroch. Er schlug mir nochmals auf den Hinterkopf und legte das Tuch wieder vor. Sie lachen jetzt, bestimmt erzählt Grünkopf, wie er das

Tuch wieder vorgeschoben hat und mich ein letztes Mal schlug, um mich dann zu entlassen. An dieser Stelle lacht Schwerberger immer sehr laut. Er lacht so laut, daß ich – säße ich auf der Bank im Süden – es noch immer hören könnte. Ich weiß nicht, warum sie mir die Schuld geben. Ich sitze auf der Bank und frage mich, warum sie mir die Schuld geben, daß Feller gegangen ist. Wo ist Feller, hatte Grünkopf am Abend, damals gefragt, oder Elmar, ich weiß es nicht mehr; wo Feller ist? Wir warteten dann; ich brachte ihnen Getränke, die sie langsam tranken. Jede Stunde brachte ich ihnen ein neues Getränk, sie bewegten sich kaum, hoben die Arme, um ihre Gläser zum Mund zu führen, und warteten; wo Feller ist; kam auch am nächsten Tag nicht und am nächsten wieder nicht; wo hast du ihn, fragten sie mich; und sprachen dann lange nicht mehr; ich ging aber weiter zu ihnen, wie's ausgemacht war.

Feller wußte genau, welchen Feldweg ich am Abend gegangen bin; den nach Süden, sagte er, wenn ich zu ihm trat; und natürlich allein. Dem Feller mußte ich die Füße waschen; damit fängt es an, sagte er: sie waren schwer und hornig und von dicken Adern durchzogen; er sprach nicht, er reichte mir wortlos die Feile, fein rieselte Nagelstaub auf ein dunkelblaues Blatt Papier; ich mußte es ihm vor die Augen halten; er hieß mich riechen; dann sollte ich das Papier aufessen; und ich tat's; zuerst erbrach ich später blaue Streifen; dann hatte sich der Magen gewöhnt, und es ging leichter.

Abends saß ich auf einer Bank und dachte an Feller. Grünkopf und Schwerberger waren später gekommen, danach Elmar, Sandrock und Frankl. Das ist von keiner

Bedeutung. Aber sie sind in dieser Reihenfolge gekommen, deshalb sage ich es. Feller ging später allein. Alle sagen, es ist meine Schuld, daß Feller ging.

Ich weiß nicht, wie ich hierhergekommen bin. Ich bin anders als Feller und Grünkopf. Schwerberger ist groß und mager. Sandrocks Haare sind fast gelb. Frankl redet ununterbrochen. Auf einmal war ich da und saß auf der Bank gegenüber dem Klo, das damals noch häufig benutzt wurde.

Feller ging vorbei, nahm mich bei der Hand, und ich trat zu ihm und begann die Füße zu waschen; bald darauf kamen Grünkopf und Schwerberger; und später, fast gegen Ende, Elmar, Sandrock und Frankl.

Ich weiß nicht, woher ich gekommen bin. Vielleicht hat mich Feller – wie Grünkopf den Käfer – unter den Achsel getragen, und als ich zu schwer wurde, hat er mich auf die Bank gegenüber dem Klo gesetzt.

Jeden Morgen bin ich zu Feller gegangen und jeden Abend. Zu Grünkopf, Schwerberger, Elmar, Sandrock und Frankl immer nur morgens oder am frühen Mittag, dafür aber länger. Das war selbstverständlich.

Sie wohnen verschieden. Ich habe zwischen ihnen weit zu laufen, ich muß rennen, um rechtzeitig zu kommen. Besonders, wenn ich von Grünkopf komme, muß ich immer rennen und komme trotzdem zu spät zu Frankl oder zu Elmar, der dann schon angefangen hat zu erzählen und mich fragt, was er gerade erzählt hat. Er spricht nicht immer von seinen verschiedenfarbigen Messern. Auch wenn er von den Blumen auf der Fensterbank erzählt, hat er manchmal diesen verzerrten Blick. Er ist unberechenbar.

Und wenn ich schlecht in seinem Gesicht gelesen habe, droht er mir die Augen auszustechen. Am besten ist, ich komme rechtzeitig. Ich muß eben nur schneller rennen.

Grünkopf und Schwerberger erzählen. Sie haben zwei Stühle auf den Hügel vor dem Haus getragen. Hin und wieder lachen sie und schauen dann zu mir hinüber; vielleicht erzählt Grünkopf von gestern, denn Schwerberger lacht.

II.

Gestern: Grünkopf sagt, ich soll ihm eine Geschichte erzählen. Während ich das Wasser einlasse in die Wanne, soll ich ihm eine Geschichte erzählen von einer, die Wasser einläßt und eine Geschichte erzählt und zusammenschrickt, wenn er ihr von hinten auf den Kopf schlägt. Ich soll aber mehr Wert auf die Handlung legen als auf das andere. Ich soll ihm zum Beispiel erzählen, was mir einfällt, wenn ich die Geschichte beginnen soll mit den Worten von hinten.

Von hinten, erzähle ich Grünkopf, während er mir auf den Kopf schlägt, tut es am meisten weh; es ist hinterrücks und gemein. Dann lasse ich das Wasser ein und fordere Grünkopf auf, der wartet schon, ins Wasser zu steigen, während ich mich abwenden muß, sagt er, ich soll weitererzählen, immer mehr, es sei gut; es würde ihn vielleicht einmal erregen.

Ich solle jetzt zuschauen, wie er schwimmt, und soll es beschreiben, erzähle ich, wie er mich auffordert, ihn, der nun leicht ist wie eine Feder, zu heben; erheben solle ich ihn, der im Wasser liegt und toter Mann spielt, wenn ich nicht endlich weitererzähle, wird er mich schlagen, und Grünkopf schlägt mich mit der harten feuchten Hand ins Gesicht; ich solle jetzt zu ihm steigen, erzähle ich, und ziehe den Kittel aus, und erzähle die Geschichte, in der ich den Kittel ausziehe widerwillig, erzähle ich willig, daß ich mich zurückziehe und mit den Händen die Blöße bedekke, daß Grünkopf sie fortschlägt und mustert und mißt und „zu klein“ sagt, erzähle ich, daß er trotzdem immer weiterschaut, als ob er das, was ihm zu klein geraten, großzwingen könnte, zu seinem Maß, daß unter seiner Hand die Brustwarze taubeneigroß anwuchs, erzähle ich, daß ich hier nicht weitererzählen möchte, weil mich die taubeneigroße Brustwarze verwirrt; und ich beginne seine Arme einzuseifen, und die Füße, die er mir entgegenstreckt, erzähle, wie er es genießt, sie mir entgegenzustrekken, und Grünkopf streckt mir seine Füße noch ein bißchen weiter entgegen. Ich möchte, sagt er, erzähle ich, daß du mir den Arsch wäscht; und er dreht sich schon um in der Wanne, daß es Wellen schlägt, erzähle ich, wie Grünkopf mir die Höcker entgegenhält, daß er lachen muß unter Wasser, daß es Blasen gibt, daß die Wellen nicht aufhören wollen an den Rand zu schlagen, erzähle ich, wie ich die Seife in den Lappen wickele und reibe, den Rücken lang, reibe ich den Rücken lang und stecke die Seife, wie es denn Grünkopf befohlen, in sein Loch; laß sie hinein- und hinausgleiten, fordert er mich auf zu erzählen, wie ich Backen drücke, auseinanderreiße, und so die Seife spielen lasse innen, erzähle ich Grünkopf, wie Grünkopf nun aus den Nasenlöchern atmet, laut, ich soll langsamer erzählen, bittet er – Grünkopf bittet jetzt –, und die Seife einen Augenblick vergessen, welchen Weg ich gegangen sei gestern, fragt er, erzähle ich, soll ich erzählen, den einzigen, sage ich, den mit dem Blick über das Maisfeld, den mit dem Blick auf den dreckigen Fluß, den asphaltierten Schotterweg mit den Büschen zu beiden Seiten. Ich bin ihn allein gegangen. Ich habe, obwohl ich ihn nicht liebe, an ihn, Grünkopf, gedacht. Weil du es nicht anders kennst, sagt er, weil du liebst, was dir den Arsch hinhält zu lecken, leck jetzt die Seife raus, erzähle ich, befiehlt Grünkopf, der wieder an die Seife gedacht hat und mir befiehlt die Seife rauszulecken bis zum Rest – ich lecke, erzähle ich, und lecke, bis Grünkopf befiehlt, ich solle erzählen, sie ist jetzt ausgeleckt und aufgelöst und ihm geht's gut, erzähle ich, und Grünkopf dreht sich wieder um und lacht und sagt: jetzt sei es restlos sauber, jeder Furz, erzähle ich, sei jetzt ganz reinlich blank geputzt wie eine Murmel, sagt Grünkopf, das hört sich gut an, das ist schön erzählt, und schlägt mir mit der Hand gegen die Schulter, daß es kracht, erzähle ich das Ende, das Grünkopf auch gefällt; und er steht auf, und ich steh auf, daß es nochmals Wellen schlägt, erzähle ich.

III

Frankl sagt, er will auch, Er hat mich abgefangen im Hausflur, am Ellenbogen in die Nische geführt, und gesagt hat er: daß er's auch will: Grünkopf hat's ihm erzählt, und Frankl hat sich hinter einem Vorhang versteckt und gelauscht. Er verlangt: GENAU DAS GLEICHE. Ich sei, sagt er, ein gefundenes Fressen. Eine Entdeckung; oder so ähnlich. Er schlägt mir ein bißchen fester als Grünkopf zum Abschied den Hinterkopf und sagt: Auf morgen.

Er will die gleiche Wassertemperatur. Nicht einen

Grad verschieden. Er wünscht sich allmähliche Steigerung, auch im Ausdruck. Er will, daß ich den grauen Kittel anziehe, unter dem die taubeneigroße Brustwarze in Stille brüten kann. Er freut sich. Er ist in Hochstimmung. Er kann es, sagt er noch, kaum erwarten. Er sagt, daß ich schön sei, und lacht dabei leise in sich hinein.

Er möchte, sagt er am Morgen, als er das Bad betritt, eine richtige Inszenierung, ein gelungenes Schauspiel.

Ist das Wasser schon eingelassen? Bereit alles und ich? Die Geschichte schon im Kopf vorhanden, das sei ihm wichtig. Oder ob sie von ihm, Frankl, abhänge? Das sei ihm auch wichtig, sagt er, während ich das Wasser einlasse und den Finger hineinhalte zur Probe, weiß ich, daß es meine Schuld ist, daß Feller ging, sagt er, ich solle jetzt erzählen, ebensogut und ebensolang, aber ich solle ihn, Frankl, im Auge behalten. Und niemals vergessen, wer er sei.

So zieht er sich aus und wölbt seine Brust weit vor, während er die Wanne besteigt und sich an die Wärme gewöhnt, sagt er, ich soll anfangen, setzt sich vorsichtig, denn das Wasser ist heiß, und Frankls Waden so schlank, bewegt er die Finger heftig hin und her, daß es kühler wird um ihn herum und die Geschichte endlich beginnen kann, zieh ich mich aus, lege den grauen Kittel zur Seite; fragt Frankl, ich weiß es schon lang, wo ist das Taubenei? Und ich lege die linke Hand auf die Brust, während ich mit der rechten das Badesalz in die Wanne schütte, daß es gut riecht, ist schon alles verkehrt, und das Aroma ihn besänftigt und wohlstimmt, schwillt die Zornader an, es ist mir alles so fremd, sagt er und betrachtet sein kleines Knie unter Wasser; und wie es auftaucht plötzlich und unvermutet so groß wird, daß er es immerzu anschauen muß und sich wundert, während das Salz seine Zehen aufweicht und die Fingerkuppen, mit denen er über die Brustwarze streichen will, damit sie endlich kommt und die Geschichte, sagt er, ihren Anfang nimmt.

Kann jetzt nur noch Grünkopf erscheinen oder Feller und lachen und sagen, er habe alles gehört und alles gesehen, und mir ein Wort einflüstern, das erste, oder ein Aal in der Wanne, der sich von selbst in die Öffnung hineinschiebt und schlängelt, ein wildes Biest aus der Tiefsee, das sich zwischen die Beine von Frankl verbeißt, daß ich den Kittel über mich lege und davongeh, sagt Frankl, ich können nun erzählen, er habe sich gewöhnt an sein kleines Knie unter Wasser, er wisse Bescheid, reibe ich den Rükken lang und male mit Seife, wie es Frankl befohlen, ein A auf den Rücken; und halte den Hinterkopf so, daß er schlagen kann, denn mein B wird nicht folgen.

IV

Schwerberger lacht laut. Bestimmt hat Grünkopf erzählt, daß ich erzählt habe, ich bin mit ihm in die Wanne gestiegen. Gelogen, sagt er, das hat sie alles erlogen; weil sie ein liederliches Aas ist und nur schlechte Gedanken im Kopf hat, seit Feller weg ist.

Feller hat sie halten können. Feller hat genau gewußt, welchen Weg sie am Abend gegangen ist, er hat es ihr angesehen; er hat es schon im voraus gewußt, er brauchte bloß aus dem Haus gehen und eine Richtung einschlagen; er traf sie beim Fluß, bei den Fischen; und schlug sie dafür; oder wie sie im Sand spielte; sich eingrub bis zum Kopf, riß er ihr, wie sich's gehört, die sandigen Kleider vom Leib, und ließ sie nackt an uns vorübergehen, wißt ihr es noch, Feller war's auch, der am besten von uns zu lachen verstand, wenn du lachst, sagt Grünkopf zu Schwerberger, hört sie es noch an der südlichen Bank. Feller aber, aber Feller hörte sie überall; er ließ sich von ihr die Füße waschen; er hatte hornige, häßliche Füße, und sie wusch, als seien es Sohlen von Engeln, hast du's gesehen?

Lacht Schwerberger, ja, und schaut hinüber zu mir, wie ich auf der Bank sitze und nichts anderes tue als auf der Bank sitzen und mir vorstelle, wie ich sitze.

Doris Meißner-Johannknecht
Am Ende – das Bett…

Meine Mutter findet mich schön. Das sagt sie immer dann, wenn ich mal wieder vor dem Spiegel steh und über Pickel und Zahnspange fluche. Und sie sagt es so, daß ich ihr glauben könnte... Aber ich glaube ihr nicht. Ich finde mich schrecklich! Nur mit meiner Haarfarbe kann ich mich inzwischen anfreunden. Echtes Rot. Nicht das Rot aus der Tüte, das sich momentan die halbe Menschheit auf die Haare schmiert. Aber sonst? Zufrieden bin ich nicht! Du brauchst einfach einen Freund, das ist alles! Das sagt meine Freundin Anne. Der stabilisiert dein Selbstwertgefühl! Das sagt meine Freundin Judith. Damit sind mit einem Schlag deine ganzen Probleme erledigt! Das sagt meine Freundin Meike.

Ha! sage ich da bloß. Wenn das so wäre! Ist es aber nicht! Sie machen sich bloß was vor! Erst letzte Woche war Meike mal wieder nah am Abgrund. Seit vier Tagen überfällig. Wieder mal der Gang zur Apotheke für den Test. Zum Glück war er negativ. Und dann Anne mit ihren Lovern! Also, für den Alexander kaufe ich lieber kein Weihnachtsgeschenk. Das lohnt sich nicht mehr, hat sie gesagt. Ich mach vorher Schluß. Das war auch letzte Woche.

Nur Judith ist zufrieden. Mein Benny! sagt sie tausendmal am Tag und verdreht die Augen. Sie kriegt nichts mehr mit von der übrigen Welt. In Englisch, Russisch und Mathe hat sie sich inzwischen auf eine glatte Fünf hinabgearbeitet. Nur in Deutsch hat sie sich kometenhaft nach oben bewegt. Wir interpretieren gerade Liebesgedichte... Ich finde, sie haben alle bloß Streß mit der Liebe oder wie man das nennt... Natürlich – also, wenn ich ehrlich bin – dann hab ich mich schon gefragt, wer es denn sein könnte... so als Freund... mehr nicht. Aber ich weiß gar nicht, ob das geht. Anne und Meike sagen, ohne Bett geht es nicht. Ganz schnell verfolgen sie dieses eine Ziel. Damit mußt du rechnen. Das ist eben so! Ich finde es total blöd, daß es so ist! Ich bin schließlich erst vierzehn!

Der absolute Star unserer Schule ist Tim. Aber der ist unerreichbar. Bei meinen Pickeln und der Zahnspange – also, da brauch ich mir überhaupt keine Hoffnungen machen. Und dann mein Alter! Tim ist achtzehn. Alle Frauen liegen ihm zu Füßen. Er spielt Schlagzeug in der Schulband. Und wie er da so weltentrückt mit seinen Stäben rumhackt – das finde ich ziemlich beeindruckend. Grüne Augen hat er und blonde Haare, länger als ich, hinten zusammengebunden. Neuerdings fährt er sogar einen Wagen. Einen alten Volvo. Das paßt alles. Und dann die Rosen! Die faszinieren mich besonders. Seine Mutter hat eine Rosenzucht. Zehn riesige Glashäuser stehen auf ihrem Gelände – und alle voller Rosen. Millionen Rosen... Wahnsinnig!

Ja, und dann ist er noch der Star der Theatergruppe... das Schicksal hat es besonders gut mit ihm gemeint. Eigentlich unfair, finde ich. Kein einziger Pickel klebt an seiner Nase – und eine Zahnspange haben seine geraden Zähne sowieso nicht nötig...

Na ja! Aber interessiert sich ja eh nicht für mich...

Genauso wenig, wie ich mich für Sören interessiere.

Dabei ist schon echt beeindruckend, wie hartnäckig er mich mit seinem Dackelblick verfolgt. Und das seit einem Jahr! Aber ich will ihn nicht. Niemals! Da kann er noch so hinreißend gucken. Wir passen nicht zusammen. Ich steh nicht auf Fußball und Bier. Und ich steh erst recht nicht auf seinen Sprüchen. Die sind mir zu rechts. Und er kommt nicht davon runter.

Ach, was mach ich mir den Kopf heiß! Ich brauch keinen Freund! Ich hab ja meine Clique. Genau!

Also, ich hab ja echt nicht geglaubt, daß es auf dieser Welt noch Wunder gibt!

Aber es gibt sie! Das, was mir heute Abend nach der Premiere von „Anatevka" passiert ist, das ist ein echtes Wunder! Also, ich warte auf Anne, bei der ich heute übernachten will, steh noch herum und rede mit diesen und jenen, da steht er plötzlich vor mir! Vor mir, noch in seinem Kostüm, das schon, aber ich erkenne ihn genau! Tim steht vor mir! Der große Tim, der mal wieder den meisten Beifall abgekriegt hat, steht vor mir und fragt: Soll ich dich mitnehmen? Wir haben ja den gleichen Weg! Das sagt er so dahin, als wären wir uralte Freunde...
Und ich, wie hypnotisiert, sage ja... ohne zu überlegen, ob es gut für mich ist.

Anne ist sauer, daß ich sie sitzenlasse. Der Streß mit der Liebe – oder was es auch ist – hat schon angefangen! Also, passiert ist nichts! Überhaupt nichts! Er hat mich nach Hause gefahren und ist mir kein bißchen zu nahe gerückt! Echt edel! Ich ruf dich morgen an, ja? hat er gesagt. Dabei hat er mich angelächelt, mehr nicht! Und ist davongedüst mit quietschenden Reifen, so daß bestimmt die halbe Nachbarschaft aufgewacht ist! Jetzt lieg ich im

Bett und fühl mich wohl wie lange nicht – trotz Pickel und Zahnspange.

Er hat mich tatsächlich angerufen. Mich, Sarah Lehmann, aus der 9a. Und er hat mich ins Kino eingeladen. Und er hat nicht an mir rumgegrapscht, so wie Anne mir das prophezeit hat. Nur neben mir gesessen, wie ein guter Freund. Also, meine Hand, die hätte ich ihm sogar gegeben.

Er ruft jeden Tag an. Er schlägt jeden Tag etwas vor. Spaziergang, Theater, Kino, Party... Wir reden und reden über Gott und die Welt, und er sagt ganz oft: Also, daß du erst vierzehn bist, das kann ich fast nicht glauben. Die Mädchen in meiner Klasse sind auch nicht weiter als du! Keine Ahnung, was das heißen soll. Aber er läßt mich in Ruhe. Und trotzdem... werde ich den Gedanken nicht los, daß er was mit mir vorhat. Anne, Meike und Judith fragen mich jeden Tag. Na, ist es passiert?

Inzwischen weiß wohl die ganze Schule Bescheid. Besonders die Mädchen aus der 10 sind völlig hinüber. Du und Tim? sagen sie. In jeder Pause muß ich mir irgendwelche Sprüche anhören. Also, auf den Wochenendtrip nach Hamburg mit Übernachtung hab ich verzichtet. Klar, er wollte bloß Cats mit mir anschauen, das glaube ich auch, aber trotzdem...

Irgendwann landet jede bei ihm im Bett! Diese Sprüche kommen aus der 11 – ja, auch fast in jeder Pause. Er macht es bloß ziemlich geschickt. Das unterscheidet ihn von den anderen. Ich fürchte diese Sprüche... In der Pause geh ich ihm aus dem Weg. Ich geh nicht mehr auf jeden Vorschlag ein. Ich meide ihn. Ein Weihnachtsgeschenk kaufe ich ihm nicht.

Du bist zu mißtrauisch, sagt meine Mutter. Sie findet Tim umwerfend charmant. Jedesmal, wenn er mich abholt, bringt er ihr vierzehn rote Rosen... ich bekomme nur eine einzige!

Ich findet, Du solltest ihm was schenken, Sarah! Heute kurz vor Ladenschluß hat sie es nochmal versucht. Aber jetzt sind die Geschäfte zu. Der Heilige Abend hat begonnen. Und ich habe keine Lust auf Streß und Liebe. Ich will mich gerade duschen, mich fürs Familienfest ansehnlich machen, die Pickel übermalen und so, da klingelt es. Tim steht vor der Tür. Mit Weihnachtslächeln und Geschenken. Er drückt mir eine Rolle und eine Kiste in die Hand, sagt Frohes Fest und schwirrt davon.

Mir zittern die Finger, als ich die Kiste öffne. Mindestens zwei Kilo Pralinen. Ich versteh die Welt nicht, ich versteh ihn nicht, er weiß doch ganz genau, daß ich überhaupt keine Pralinen mag. Und dann die Rolle. Ein Poster steckt drin. Na? sagt meine Mutter. Ich hab dir doch gesagt, daß er keine Hintergedanken hat, daß er bloß ein angenehmer Freund ist, und ein ganz besonders angenehmer sogar.

Ja, sage ich und halte ihr das Poster vor die Nase.

Ich hab's ja gewußt, Alle haben es gewußt.

Glaubst du mir jetzt? sage ich.

Meine Mutter kräuselt die Stirn. Tja, sagt sie. Mehr nicht.

Ich zerreiße das Poster. Das schöne teure Mordillo-Poster. Mit dem Blick auf ein Labyrinth.

Über die Mauern des Labyrinths springt ein Mann. Eilig hat er es, sehr eilig, sonst würde er sich wohl die Zeit nehmen, die Wege des Labyrinths zu erforschen... Dieser

Mann macht gerade den letzten Satz. Er ist da, angekommen am Ziel seiner Träume. Vor ihm ein Bett und in ihm eine Frau, die schon auf ihn wartet.

Also, ich bin das nicht!

Und die Pralinen? Meine Oma, die wird sich freuen...

Tina Stroheker

Nachbar

Daß einer sich Tauben hält:
warum nicht?

Er schaut ihnen vom Hof aus nach,
Bilder, ziehend
durch seinen Leib.

Dann geht er zurück,
füttert die Rinder im Stall und
atmet ihren Geruch ein.
Verstohlen lehnt er sich
an eine Flanke, bleibt
eine Zeitlang so.

Über ihm ist das Dach,
nicht der Himmel.

Eine Zeitlang mag er so
bleiben.

Aus der Erinnerung

Weite, die oben scheint,
Raum, der fraglos sich hebt;
unten zieht jemand
Schritt für Schritt,
manchmal auf einem Wagen,
über das Land.

Schaut er umher
ohne Hast, dann
treten am Morgen
aus dem Wald Tiere,
Eiszapfen im Fell, und
nicken ihm zu.

Wer spricht von Glück,
wenn er die Stiefel abklopft,
das Haus betritt,
seine Hände, von Erde
rauh und von Sand,
in lauwarmes Wasser legt;
wer spricht von Glück?

Es gibt den leichten Gesang,
aber mehr gibt es Heftiges,
Stöhnen, wie aus der Kehle
des angeschossenen Elches, und
zu spät nimmt der Schütze sich wahr.
Alles droht ihm zu schwinden;

so geht er ans Werk -
aus der Erinnerung kommen die Tiere zurück,
Wege und Land, die Zeit wird
ein farbiges Zeichen, er setzt es
mit Kraft, ohne Glauben an
etwas danach.

Zur Paßhöhe

Es fehlt das Hospiz,
fehlen die Menschen,
ihre folgsamen Tiere.
Dafür mächtig Fels, Eis,
der herzzerreißende See.
Steigen wir also auf,
im Rücken unser Gepäck, die Pläne? Oder
üben wir uns im Ertragen der Leere?
Am Ende des Tals, wird gesagt,
liege die schöne Stadt,
deren Namen ein Klang ist,
ein Echo von früher.
Ein Zimmer sei hergerichtet.
Dort fehlt nichts, nur
wir, wo wollen wir sein,
diese Zeit?

Elisabeth Roters-Ullrich

geboren 1953, lebt im Münsterland.
Wissenschaftliche Fachberaterin im Literaturbüro NRW-Ruhrgebiet e.V. in Gladbeck

Ursula Theißen

geboren 1960
seit 1991 Leiterin des Frauenkulturbüros NRW in Krefeld

Ingrid Wagner-Kantuser

geboren 1953, Ausstellungsorganisation, Lehre und Forschung an der Hochschule der Künste Berlin. Seit 1991 Leiterin der AG „Kulturelle Aktivitäten von Frauen“ bei der Senatsverwaltung für Wissenschaft, Forschung und Kultur, Berlin

Elisabeth Roters-Ullrich
Women in publishing und writers room – Professionalisierung und Selbstmanagement

Zu der viertägigen Konferenz reisten Schriftstellerinnen aus Schleswig-Holstein und Thüringen, aus Hessen, Hamburg und Sachsen, aus Nordrhein-Westfalen, Niedersachsen, Berlin oder Brandenburg an. Zu diesem großen Team von Literatinnen gesellten sich Fachfrauen aus unterschiedlichen kulturellen Arbeitsgebieten. Sie brachten eine Fülle von Erfahrungen, Projektideen und Anregungen für Formen der Zusammenarbeit mit.

Die Schriftstellerinnen für sich waren bereits keine homogene Gruppe. Fast alle arbeiten in mehreren literarischen Genres, als Lyrikerin und Hörspielautorin, als Roman- und Drehbuchschreiberin oder als Essayistin, Erzählerin und Übersetzerin. Es war die Vielfalt der Kenntnisse, die dieser Tagung die Prägung gab. Ein erster Schritt zueinander wurde geleistet, umfangreiches Hintergrundwissen ausgetauscht und ein kontinuierlicher Informationsfluß angeregt. Manche Teilnehmerin erhoffte sich Tips für die Verbesserung ihrer Berufssituation.

In den lebhaften Diskussionen und Zwischenfragen kristallisierte sich ein Schwerpunkt heraus: Aktuelle Förderungsmöglichkeiten für Schriftstellerinnen und Literaturprojekte sowie Formen effektiver Teamarbeit sollten transparent werden.

Die Infobörse mit ihrem Motto „Eine Jede lege ihr Wissen in die Waagschale“ stand auf dem Programm:

– Zu einer erfolgreichen künstlerischen Laufbahn gehört ein Maß an Extrovertiertheit und Selbstdarstellung, um an die Öffentlichkeit zu gehen.

– Schriftstellerinnen wissen, daß von der Buchproduktion allein nur Wenige heute und in Zukunft leben können. Dieses Wissen ändert jedoch wenig an der Scheu, Texte für Talkschows, Serien oder Bestsellergeschichten zu verfassen, sie anzubieten und sich der Medien zu bedienen.

„Wo bleibt das Eigene, was nur uns als Schriftstellerinnen bleibt, was nur ich kann? Wo bleibt mein Anspruch auf literarische Qualität?“ fragte Gabi Stötzer und empfand das Sich-verkaufen-müssen als „barbarisch“. Sie kennzeichnete ein uraltes und doch aktuelles Problem. Virginia Woolf bietet sich als Zeugin an: „Doch weder die Hommage für Thomas Hardy noch die Abhandlung über George Meredith reizten sie wirklich. Beides hatte sie zu schreiben angenommen, natürlich für Geld – dreißig Pfund –, aber auch, weil sie meinte, daß Zwänge die Kreativität förderten.“ … „Es machte sie ein wenig bitter, daß sie eine geborene Stephen war und keine Sackville. Es demütigte sie, arbeiten zu müssen und hier die Brosamen einer erhabenen Existenz zu sammeln. Einen Roman zu schreiben wie ein Gefangener, der sich selbst eine Geschichte erzählt. Schreiben, das öffnete die Toren zum Fegefeuer, man mußte hindurch, wenn man nicht im Paradies geboren war.“(Christine Orban, Eine Liebe der Virginia Woolf, Aufbau-Verlag 1995, S.131; S.96).

Der deutsche Literaturmarkt ist größer geworden und die Zahl der professionellen Künstlerinnen und Künstler gewachsen. Die Einnahmequellen für die Einzelne werden geringer. Verlagskonzentration, „Arbeitsverdichtung" etwa in den Rundfunkanstalten, schleichender, aber auch aggressiver Abbau von Honoraren, die Kurzlebigkeit mancher Bücher auf dem Markt und sinkende Auflagenzahlen, das trifft Autorinnen aus allen Bundesländern gleichermaßen und erfordert Änderungen in der Arbeitsweise. Existenzangst ist nicht nur ein Schlagwort. Angesichts dieser Tatsachen stellt ein Arbeitstreffen, bei dem Schriftstellerinnen ihre Konkurrentinnen überhaupt zur Kenntnis nehmen, ja voneinander wissen und lernen wollen, durchaus ein zeituntypisches Phänomen dar.

Immer neu mußte auch die historische Entwicklung in den unterschiedlichen Gesellschaftssystemen bedacht und begriffen werden. Es ist nicht das Beste aus dem Literaturland DDR und vom Literaturmarkt BRD gesammelt und zusammengefügt worden, die Vision des gegenseitigen Gebens und Nehmens ist in der Realität weitgehend gescheitert.

Erschrocken und ablehnend reagierten viele Autorinnen auf ein Extrem des Selbstmanagements, wie es Kerstin Jentzsch berichtete. Spontan und energiegeladen setzt sie sich dem Marktgeschehen aus. Sie will der veränderten Produktion- und Vermarktungssituation im vereinten Deutschland eigene Strategien entgegensetzen:

„Ich habe an meinem ersten Buch zwei Jahre geschrieben... Zuerst habe ich mein Konto aufgegessen, dann habe ich meinem Freund auf der Tasche gelegen, dann andere Freunde angepumpt... Doch ich war überzeugt von dem, was ich geschrieben hatte und versuchte die erste Hürde, den Verlag, zu nehmen. Bei meinen naiven Direktmaßnahmen kam ich meist nicht über den Pförtner hinaus... Die Wirklichkeit des Verlagsgeschäftes hatte mich eingeholt. Ich mußte die Vertreter von der Verkäuflichkeit meines Buches überzeugen. Ich nahm, herausgeputzt mit Sekt und vorbereiteter Rede, an der Vertreterversammlung im Frühjahr 1994 teil... Der Verkauf lief an. Ich besuchte einzelne Buchhändler... Schließlich schrieb ich dreihundert Bibliotheken in Ost und West an... Inzwischen habe ich über hundert Lesungen hinter mir, also ich habe nahezu jedem meiner Leser die Hand gegeben. Ins Fernsehen kam ich, weil ich telegen bin...".

Solche Kämpfe kennen viele Autorinnen, aus West und aus Ost. Doch besonders die Schriftstellerinnen aus den neuen Bundesländern haben bittere Erfahrungen mit den Gesetzmäßigkeiten des marktwirtschaftlichen Literatursystems gemacht. Reaktionen, unbekümmert um geschichtliche Errungenschaften der Berufverbände wie bei Kerstin Jentzsch oder die bittere, traurige Bilanz von Brigitte Birnbaum, stimmten nachdenklich:

„Ich will wirken in dieser Zeit". Das hatte ich auch gewollt. Von Anfang an. Bereits damals, als ich siebzehnjährig erstmals veröffentlichte. Lange bevor ich die von Käthe Kollwitz am 4. Dezember 1922 in ihrem Tagebuch notierten Worte kannte. Bis zum Sommer 1990 hatte ich nach dieser Maxime gelebt und gearbeitet... Ich schrieb über Kinder für Kinder, die ja kleine Menschen waren und die auch in der DDR mitunter ratlos und hilfsbedürftig waren... Unter anderem schrieb ich über Käthe Kollwitz, machte mich zum Anwalt.

Und dann kam über mein Land das, was heute „die Wende" genannt wird, und man warf mir vor, ich hätte all die Jahre andere bevormundet, hätte ihnen meine

Meinung aufgezwungen in meinen Büchern und Geschichten, in meiner Mitarbeit im Schriftstellerverband. Gewiß, das ist das Wesen der Kunst. Ich wollte wirken.

Will ich es immer noch? Jetzt, in dieser „neuen" Zeit? In diesem anderen Land, das viele eilig herbeidemonstrierten? Kann ich es überhaupt noch?"

Viele Autorinnen versuchen, sich ganz auf ihren Beruf zu konzentrieren, sie wollen sich ihrer Berufung zuwenden können. Dieser Sprung ins Wasser erfordert eiskaltes Kalkül.

Immer wieder wurde der neue „Ratgeber Freie" als Orientierungshilfe angesprochen. Goetz Buchholz schreibt im Vorwort:

„Verkaufen ist ein Geschäft. Ein Geschäft, das um so besser funktioniert, je professioneller es betrieben wird. Mit allem, was an Bürokratie und Formularen dazugehört, mit Selbstdarstellung und manchmal auch mit ein bißchen Selbstverleugnung.

Freie Arbeit ist ein Geschäft. Das ist die erste und grundlegende Regel für alle, die als Freie bestehen wollen. Und die unbeliebteste, weil sie so gar nichts zu tun hat mit dem Traum von Freiheit und Kreativität. Aber sie ist die Voraussetzung dafür, daß sich dieser Traum erfüllt". (Ratgeber Freie – Kunst und Medien – Schriftenreihe der Industriegewerkschaft Medien 1995).

Cynthia Schwab von den Dresdener Bücherfrauen zeigte eine Möglichkeit auf, wie Arbeitsbedingungen, Öffentlichkeitsarbeit und Vermarktung zeitsparender und vielleicht auch interessanter gestaltet werden könnten. Die Organisation der Bücherfrauen bietet sich als bereits bestehender Zusammenschluß für Literatinnen an, sie könnte auch ein nachahmenswertes Modell für neue Schriftstellerinnenteams – von der Lyrikerin bis zur Drehbuchautorin – sein.

Zu den Bücherfrauen zählen Kulturschaffende, die im Buchhandel, in Verlagen, Agenturen, Presse und angrenzenden Bereichen tätig sind. Schriftstellerinnen sind noch selten vertreten.

Bereits seit 1990 existieren die Bücherfrauen. Sie wurden nach dem Vorbild der englischen Frauenorganisation „Women in Publishing“ gegründet, einem Zusammenschluß, der im Zeichen der Frauenbewegung der 70er Jahre entstand.

Mittlerweile gibt es in Deutschland vierzehn Regionalgruppen in fast allen großen Städten. Ein Dachverband mit Zentralkasse und umfangreicher Adreßkartei sorgt für die notwendige Strukturierung des Vereins. Er trägt sich über die Mitgliedsbeiträge selbst; zweimal jährlich erscheint die Infoschrift „newsletter“.

Der Zusammenschluß auf Bundesebene funktioniert, da er dezentral organisiert ist. Die Regionalgruppen arbeiten weitgehend autonom und bestimmen ihre Inhalte selbst.

Die Bücherfrauen sind gewerkschaftlich und parteipolitisch neutral. Da aber auch im Buchhandel und Verlagswesen häufig die einflußreichen Stellungen männlichen Kollegen vorbehalten bleiben, gehört auch die Interessenvertretung zu den selbstgewählten Aufgaben der Bücherfrauen. Die Bücherfrauen setzen sich für einen Preis für engagierte Buchhändlerinnen, Verlegerinnen oder Lektorinnen ein.

In den Regionalgruppe der Bücherfrauen wird die Fortbildung ernst genommen. Fachliche Themen wie Buchgestaltung, Vertrieb, Öffentlichkeitsarbeit, Lizenzen oder Rechte und in letzter Zeit verstärkt auch das Thema electronic publishing werden mit Referentinnen aufgearbeitet. Im Arbeitsfeld Produktion-Distribution-Rezeption versuchen die Bücherfrauen unterschiedliche Interessen zusammenzuführen. Herstellerinnen, Lektorinnen, Verlegerinnen oder Übersetzerinnen knüpfen Kontakte zu Literaturagentinnen, Presse- und Öffentlichkeitsarbeiterinnen oder Marketingexpertinnen. Auch die Organisation von Lesereisen und intensive Gespräche über Bücher füllen das Programm der Bücherfrauen.

In Dresden – so berichtet Cynthia Schwab von der dortigen Konstituierung der ersten ostdeutschen Regionalgruppe – konnten innerhalb kürzester Zeit zwanzig Mitglieder geworben werden. Hier bedeutete die Aufbauarbeit in erster Linie Untersuchung der neuen Lebens-und Arbeitssituation und die daraus zu entwickelnden Perspektiven. Besonders Frauen, die lange in der Branche tätig, dann aber erwerbslos oder auf Stellensuche waren, erhofften sich vom Netzwerk Hilfestellung und Orientierung.

Neugierig, kritisch und sprachbegabt – diese Fähigkeiten verbinden Schriftstellerin und Journalistin. Beide haben Lust, sich mitzuteilen. Oft genug arbeitet eine Journalistin gleichzeitig literarisch und manche Schriftstellerin bestreitet mit journalistischer Tätigkeit einen Teil ihrer Lebensgrundlage.

Die Medienfrauen waren bereits früh aktiv und heute

gibt es zahlreiche Beispiele für funktionierende Netzwerke. Der Verband der Filmarbeiterinnen besteht seit 1979, bereits seit 1987 gibt es den Deutschen Journalistinnenbund. Es gründeten sich Frauenpresseagenturen und Fraueninformationsdienste.

Karin Wenk und Sigrid Meißner stellten ihre Erfahrungen mit Zusammenschlüssen in Mediengruppen zur Diskussion.

Sigrid Meißner, festangestellte Journalistin bei einer Hamburger Tageszeitung, ist Landesvorsitzende der Fachgruppe Journalismus in der IG Medien und Beisitzerin im Bundesvorstand der Fachgruppe.

„Warum ist es so schwer, Schriftstellerinnen aus ihrer „Klause" herauszuholen?"

Literarisches Schaffen vollzieht sich auch heute noch im privaten Raum, in der Abgeschlossenheit der eigenen Wände. Dies ist zunächst in der Regel mit einem geringen finanziellen und organisatorischen Aufwand möglich, anders etwa als in anderen künstlerischen Bereichen, wie der bildenden Kunst.

Mag es sein, daß das Arbeiten in den eigenen vier Wänden das Schreiben von Frauen begünstigt, so wird andererseits gerade diese häusliche Arbeitssituaton häufig beklagt. Die Abgrenzung von Berufs-und Privatleben ist schwierig, und nicht selten diktiert der häusliche Rhythmus die Länge der kreativen Schaffensphasen. Trotz oft hoher, akademischer Ausbildung vieler Autorinnen ist jedes Pausieren in der beruflichen Entwicklung ein Hemmschuh.

Mag sein, daß für viele Schriftstellerinnen diese Arbeitsbedingungen mit ein Grund sind, vor professioneller

Vermarktung zurückzuschrecken und sich in den Alltag des Mediengeschäftes zu begeben.

Ein Netzwerk aufzubauen und zu nutzen, sei „nun mal kein Verkriechen in eine Kuscheldecke", lauteten die kämpferischen Stimmen. „Männer haben Seilschaften, um sich gegenseitig hochzuziehen, Frauen Netzwerke, um nicht zu tief zu fallen". Immer noch begnügten sich Frauen. Überall da, wo Geld, Management und öffentliche Resonanz nur bedingt eine Rolle spielen und dem Kulturereignis keine überregionale Bedeutung zukommt, ist der Frauenanteil relativ hoch. Je bedeutender, prestigereicher und kostspieliger ein künstlerisches Projekt ist, desto weniger sind Künstlerinnen beteiligt.

Sigrid Meißner definierte die Form eines Selbstmanagements, das gezielt die Zusammenarbeit mit anderen Profis sucht, als „Notgemeinschaft". Gemeinsame Pressearbeit, Abrechnung oder Nutzung der Technik durch Schriftstellerinnen und Journalistinnen sei zeit- und geldsparend.

Ähnliches berichtete Karin Wenk aus ihrer Praxis. Sie ist Vorsitzende der Fachgruppe Journalismus in der IG Medien Berlin-Brandenburg. Immer mehr Freie müssen sich auf dem Markt durchschlagen. Viele Journalistinnen aus den alten und neuen Bundesländern schließen sich seit der Wende der Gewerkschaft an, um „gegenseitiges Austricksen zu vermeiden". In demselben Maß, in dem festangestellte Journalistinnen unterrepräsentiert sind, ist ihr Anteil an Freien überproportional. Der größte Teil professionell ausgebildeter Journalistinnen arbeitet auf Honorarbasis den Zeitschriften, Zeitungen und Sendern zu.

Obwohl der Journalismus traditionell eine Männerdomäne ist, war im Osten der Anteil der festangestellten Frauen vergleichsweise hoch. Als „Freie“ trainieren sie heute die harte Konkurrenz ums Überleben, besuchen PR-Kurse und arbeiten die Vergangenheit in ABM-Stellen auf. Sie gründen Journalistinneninitiativen und Medienbüros.

Nach dem Studium der Journalistik in Leipzig und fast zehn Jahren Arbeit als Redakteurin beim „Neuen Deutschland“, ist Karin Wenk seit 1992 freie Journalistin. Sie arbeitet mit drei Journalisten, zwei Fotografen und zwei Layoutern im „Pressebüro transit“ zusammen. Diese Bürogemeinschaft holt miteinander und füreinander Aufträge herein und organisiert die gemeinsame Pressearbeit. Selbst gegenseitiges Redigieren von Texten gehört zum Büroalltag.

Eine Zusammenarbeit mit Schriftstellerinnen – hier Hilfe bei der Textarbeit, dort Hilfe beim PR – kann sie sich sehr gut vorstellen, es müsse nur ernsthaft erprobt werden.

Jannina Jaeger-Hansing, Übersetzerin aus Hamburg, erläuterte das Modell des „writers room“, wie es jetzt in Anlehnung an amerikanische Entwicklungen auch in Hamburg erprobt wird. Die Senatsverwaltung finanziert dort acht Arbeitsplätze für Autorinnen und Autoren. Untergebracht in einer Dachetage und ausgestattet mit modernster Computertechnik ist professionelles Arbeiten möglich und Austausch und gegenseitige Hilfestellung in diesem Großraumschreibbüro denkbar. Der elektronische Verbund der Arbeitsgeräte läßt selbst gemeinschaftliche Werkarbeit zu, beispielsweise das Schreiben eines

Drehbuchs, zu dem die einzelnen Rollen simultan eingespielt werden.

Sabine Herholz, Geschäftsführerin des Deutschen Schriftstellerverbandes, die bereits die ersten Treffen der Autorinnen tatkräftig unterstützt hatte, zeigte Chancen zur Verbesserung der Arbeitsbedingungen von Schriftstellerinnen im Verband auf. Immer noch werden die Einflußmöglichkeiten in den Regionalgruppen nicht genügend genutzt, auch ist eine Arbeitsgruppe „Schriftstellerinnen" im Bundesverband weiterhin ein erstrebenswertes Ziel. Sie werde Kontakt zu den Bücherfrauen suchen und mögliche Zusammenarbeit forcieren, auch kann sich der Verband für die Einrichtung weiterer Schreibbüros einsetzen. Die zukünftigen Probleme, wie „electronic finger print" zum Schutz eines Werkes, die Frage der „By-out-Verträge" oder die Forderungen nach einem Autoren-code, ähnlich dem Verleger-code, müssen angesichts der rasanten, strukturellen Veränderungen gemeinsam angegangen werden.

Seit ungefähr 15 Jahren arbeiten in verschiedenen Bundesländern Fördereinrichtungen für Schriftstellerinnen und Schriftsteller, die sich auf unterschiedliche Weise als Kooperationspartner anbieten. Zumeist nach dem Vorbild der Literaturbüros in Nordrhein-Westfalen eingerichtet, gibt es aber bedeutende Unterschiede sowohl in der Organisationsform als auch in den Aufgabenschwerpunkten. Teilweise sind die Literaturbüros Einrichtungen des Landes, teilweise angesiedelt beim jeweiligen Kulturamt einer Stadt; häufig sind die Fachberaterinnen und Fachberater nur über ABM-Stellen finanziert, was schnell zu Lasten einer kontinuierlichen Literaturförderung geht.

Das Literaturbüro in München versteht sich eher als angesehene Werkstatt, das Frankfurter definiert seine Tätigkeit aus der engen Koppelung an das dortige Literaturhaus. In den neuen Bundesländern steht die Entwicklung noch unter dem Eindruck der Auflösung der Schriftstellerverbände. Neue oder zusätzliche Ansprechstationen für Autorinnen und Autoren werden eingerichtet. Silvia Kabus berichtete von den spannungsgeladenen Auseinandersetzungen in Leipzig. Seit fünf Jahren entwickelt das Literaturbüro Leipzig ein eigenes Profil mit Lesungsreihen zur osteuropäischen, südosteuropäischen und ostdeutschen Literatur. Ein Schwerpunkt der Arbeit ist sicherlich, den Autorinnen und Autoren aus Sachsen ein öffentliches Forum zu schaffen mit Literaturveranstaltungen wie dem „Literarischen Herbst" und Lesungen zur Zeit der Buchmesse. Bereits kurz nach der Wende gab das Literaturbüro Leipzig seinen ersten Almanach mit Autorinnen und Autoren aus Sachsen heraus, ein zweiter folgte. Regelmäßig werden in Leipzig Jugendliteraturprojekte und Werkstätten angeboten. Die „Steinbeißer-Reihe" dokumentiert mit ihren Texten diese Talentsuche. Eine verdienstvolle Arbeit angesichts der Umbrüche in der Verlagslandschaft in den neuen Bundesländern. Ob sich eine Verlagerung der Aufgabenstellung des Literaturbüros in Richtung eines regionalen Kleinverlages innerhalb des kommerziellen Literaturbetriebs rechnet, muß die Zukunft zeigen.

Von guten Erfahrungen in der Zusammenarbeit mit dem Kulturamt der Stadt Osnabrück berichtete Jutta Sauer aus Niedersachsen. Das Literaturbüro ist bewußt ans städtische Kulturamt angebunden, Kooperation und Arbeitsteilung sind für beide Institutionen fruchtbar. Das Literaturbüro nutzt seinen Einfluß in Fördergremien und Verbänden wie Literaturrat oder VS um ein Lesepublikum aufzubauen. So werden regional und überregional bedeutsame Literaturprojekte konzipiert. Diese Form professioneller Literaturarbeit kann heute von einzelnen Kulturämtern allein häufig nicht mehr geleistet werden.

In Nordrhein-Westfalen sind die Literaturbüros Teil des Literaturförderungskonzepts der Landesregierung. Zwei hauptamtliche, wissenschaftliche Angestellte in jedem Büro sorgen für Kontinuität in die Literaturförderung.

Das erste Literaturbüro NRW wurde 1980 in Düsseldorf gegründet. 1984 folgte ein zweites in Unna, 1986 und 1990 entstanden Literaturbüros auch in Gladbeck und Detmold. Diese vier landesweit und regional arbeitenden Institutionen übernehmen große Bereiche der Literatur, Autoren- und Leseförderung. Trotz knappster Mittel – für jedes Projekt müssen Kooperationspartner gefunden und Gelder eingeworben werden –, zeichnen sich die Literaturbüros durch die Professionalität ihrer Literaturprojekte aus. Ein Netzwerk von Kooperationspartnern ist im Laufe der Jahre entstanden.

Wichtige Impulse gehen von dieser Arbeit aus. Sie ermöglicht Leserinnen und Lesern Orientierung in der Welt der Bücher. Die Literaturbüros veranstalten Buchpremieren und Literaturwettbewerbe, Lesereisen, Literaturausstellungen und Symposien. Vielfach bringen sie auch die Literatur ins Gespräch mit anderen Künsten, mit der bildenden Kunst, der Musik, dem Tanz oder dem Film.

Die nordrhein-westfälischen Literaturbüros fördern Berufs-und Nachwuchsautoren durch Lesungen, Vergabe von Stipendien und Preisen oder durch ihr Weiterbildungsprogramm. Hier ergibt sich in Zusammenarbeit mit kompetenten Partnern aus Verlagen, Sendern und Universitäten ein großes Spektrum an Fortbildungsmöglichkeiten. Innerhalb der facettenreichen literarischen Szene können immer öfter jene Talente ermutigt werden, die sich den Sprung in die professionelle Autorenschaft zu Recht zutrauen dürfen. Und nicht zuletzt ergeben sich für Berufsautorinnen und-autoren als Lehrende zusätzliche Arbeits- und Verdienstmöglichkeiten.

Die bereits mehrfach angespochene Reihe von wissenschaftlichen Tagungen zur Literatur und sozialen Lage heutiger Autorinnen wurden bewußt im Team von Schriftstellerinnen, dem Frauenkulturbüro NRW und dem Literaturbüro NRW-Ruhrgebiet entwickelt und mit viel persönlichem Engagement und Freude durchgeführt. Daß die Rheinsberger Gespräche stattfinden und in Zukunft regelmäßig stattfinden können, ist auch eine Folge dieser sinnvollen Zusammenarbeit – ein Wechselspiel zwischen Kreativität und Organisationsvermögen. Schriftstellerinnen und Fachfrauen stellen Eigenes auf die Beine und verbessern damit nicht nur die Berufssituation oder die öffentliche Akzeptanz, sondern sie begeben sich bewußt auch auf die Vermittlungsebene. Erst wenn Künstlerinnen über längere Zeit und ohne den massiven Druck, sich den bestehenden männlichen Strukturen anpassen zu müssen, Entscheidungsspielraum und Handlungsbefugnis besitzen, können frauenspezifische Forderungen zu den Akten gelegt werden.

Ursula Theißen vom Frauenkulturbüro NRW und Ingrid Wagner-Kantuser aus der Senatsverwaltung Berlin ordneten die Situation der Schriftstellerinnen in der Bundesrepublik gesellschaftspolitisch ein, betrachteten die Künstlerinnenförderung insgesamt und erläuterten aktuelle Maßnahmen zur Verbesserung der Existenzmöglichkeiten für kunstschaffende Frauen.

Die Waagschale war zum Schluß gut gefüllt, auf beiden Seiten. Für viele Autorinnen war die Infobörse eine Arbeitshilfe. Gespräche untereinander trugen dazu bei, daß sich einige – je nach Temperament – informiert und gelassen, andere betriebsam und energiegeladen zurück ins Mediengeschäft begaben. Im Gepäck vielleicht die Hoffnung, daß die Nutzung neuer medialer und digitaler Techniken nicht nur die Arbeit erleichtern kann, sondern Chancen zur Entwicklung künstlerischer Ausdrucksformen in sich birgt.

Ursula Theißen
Lobbyarbeit für Künstlerinnen

Ich freue mich, Sie hier persönlich in Rheinsberg begrüßen zu dürfen. Mein Name ist Ursula Theißen und ich leite sei 1991 das Frauenkulturbüro von Nordrhein-Westfalen. Viele von Ihnen kenne ich bereits aus der vergangenen Arbeit – mehrere Tagungen haben unter den unterschiedlichsten Themenstellungen in Nordrhein-Westfalen stattgefunden und ich habe, ebenso wie einige von Ihnen, als Gast teilgenommen. Denn das große Lob möchte ich an dieser Stelle einmal ganz herzlich den Veranstalterinnen zukommen lassen. Zunächst natürlich möchte ich mich im Name aller bei den Organisatorinnen der jetzigen Tagung J. Monika Walther und Ingrid Protze bedanken. Aber auch unsere Moderation Elisabeth Roters-Ullrich hat dieses Treffen mitinitiiert.

Sie ist diejenige, die seit der Gründung des Frauenkulturbüros sozusagen Feuer gefangen hat unsd sich vehement für die Vernetzung und Protegierung von Schriftstellerinnen einsetzt. Wenn wir in jeder Kultursparte von anderen Büros soviel Unterstützung gefunden hätten – von Gesprächen über Konzeptionen bis zur Organisation der Tagungen, wäre das Frauenkulturbüro bald überflüssig!

Damit Sie sich über die Entwicklungen und Tagungen des Schriftstellerinnen-Netzwerkes informieren können, möchte ich Ihnen das Buch „Schriftstellerinnen im Gespräch“ empfehlen. Es dokumentiert die Tagungen und enthält Redebeiträge von insgesamt 17 Referentinnen unter den Stichworten: Profession und Berufsalltag, Ost-West, Kinder- und Jugendliteratur, Hörspiel und Netzwerk. Ich möchte diesen Hinweis ausdrücklich nicht als Eigenwerbung für die Herausgeberinnen verstehen, denn die, die zu Wort kommen sind Sie, die Autorinnen. Uns als Organisatorinnen ist das Buch eine große Arbeitshilfe, um informieren und weitere Türen öffnen zu können. Ich möchte diese Einführung nutzen, um über den gegenwärtigen Stand der Lobbyarbeiten auf Bundesebene im Dienste der Künstlerinnen zu berichten.

Einige der Anwesenden kommen aus Nordrhein-Westfalen – von dort wurden einige Initiativen gestartet. 1992 konnte dort im Landtag die Antwort auf die große Anfrage zum Thema Frauenkultur in Nordrhein-Westfalen vorgelegt werden. Zum erstenmal wurden Zahlen und Statistiken offengelegt, die spartenübergreifend die Benachteiligung der Frauen im Kulturbetrieb nachwiesen. Dies wurde seitens des Kulturministeriums zum Anlaß genommen, Erkundigungen nach weiteren Referentinnen in den Ministerien der Länder zu forschen, die sich ebenfalls mit dem Thema der Frauenkultur befassen. Dieses daraufhin zustande gekommene Gremium trifft sich nun halbjährlich und hat bewirkt, daß Erhebungen zum Thema Frauenkultur von fast allen Bundesländern eingeholt werden konnten. Diese Daten bilden die Grundlage für eine Empfehlung an die Kultusministerkonferenz, die sich nun ebenfalls mit der Ausgrenzung der Künstlerinnen befassen soll.

Darüberhinaus ist die Information über die Situation in den verschiedenen Ländern natürlich auch immer eine

Konkurrenzsituation – welches Land schneidet am besten ab? Es sind die Stadtstaaten, allen weit voran Berlin, wo das Künstlerinnenförderprogramm von Ingrid Wagner-Kantuser hervorragend funktioniert und finanziell im Vergleich mit anderen Ländern am Besten ausgestattet wurde. Berlin liefert heute schlüssige Ergebnisse des Künstlerinnenprogramms und erbringt Beweise, wieviel bewegt werden kann, wenn nicht der gute Wille – den haben ja alle – sondern auch die Gelder vorhanden sind. Insofern können die Landesväter voneinander lernen und wir würden uns freuen, wenn der Wettkampf um die beste Künstlerinnenförderung auch auf dieser Ebene der Kultusministerkonferenz ausgetragen werden würde.

Das zweite bundesweite Netzwerk, von dem ich berichten möchte, ist der Ausschuß „Frauen im Kultur- und Medienbetrieb“, angesiedelt beim Deutschen Kulturrat in Bonn. Dort wurde die gleichnamige Studie von 1987 soeben vom Zentrum für Kulturforschung überarbeitet. Parallel dazu hat der Fachausschuß, der sich aus Expertinnen und Wissenschaftlerinnen und Künstlerinnen zusammensetzt, Empfehlungen erarbeitet, die sich an die über 240 Mitgliederorganisatoren des Deutschen Kulturrats wenden. Der VS, die IG Medien, der BBK usw. sind beispielsweise Mitglied im Kulturrat.

Auszugsweise möchte ich gerne auf die Inhalte der Empfehlung eingehen. Das Papier hat sieben Punkte. Erstens geht es um die stärkere Beteiligung von Frauen an kulturpolitischen Entscheidungsprozessen, darunter fällt die paritätische Besetzung von Juren und Auswahlgremien, dann die Spitzenbesetzung mit Frauen in öffentlichen Kulturverbänden und in künstlerischen Vorständen. Arbeitsbereiche zur Erschließung, Verbreitung und Durchsetzung von Werken von Frauen in Agenturen, Galerien, Redaktionen, Verlagen sollen besonders gefördert werden. Öffentliche, öffentlich geförderte und steuerlich begünstigte Kulturinstitutionen sollen regelmäßig über die Vergabe von Aufträgen etc. an Männer und Frauen eine geschlechtsspezifische Statistik führen und diese veröffentlichen.

Zweitens bedarf es notwendiger Maßnahmen der individuellen Künstlerinnenförderung. Ausschreibungen für Stipendien, Preise etc. sollen der freien Bewerbung geöffnet werden, da Nominierungen weniger Chancen für Frauen mit sich bringen. Frauen haben in objektivierten, z. B. anonymen Auswahlverfahren wesentlich größere Chancen – diese sind deshalb auszuweiten.

Drittens die kulturwissenschaftliche Forschung: Um den Beitrag von Frauen in der Kunst und Kultur sichtbar zu machen, muß die Frauenkulturforschung an Universitäten, Fachhochschulen und Freien Kultureinrichtungen einen festen Platz bekommen und durch Frauenarchive, Museen und Forschungsprojekte und deren Veröffentlichungen abgesichert und vertieft werden. Öffentliche Einrichtungen und mit öffentlichen Mitteln geförderte Institutionen sollen in ihren kulturwissenschaftlichen Forschungs- und Arbeitsbereichen verpflichtet werden, die Werke und Konzepte von Künstlerinnen in ihre Arbeit einzubeziehen. Insbesondere sind monographische Untersuchungen über die Arbeit von Künstlerinnen sowie biografische Forschungen zu fördern.

Viertens sollen in der kulturellen Bildung alle Träger kultureller Bildungsarbeit spezielle Angebote für Mädchen und Frauen entwickeln. Zur Umsetzung bedarf es inhaltlicher, personeller und örtlicher Freiräume sowie Netzwerke zur Fortbildung, zur Weiterentwicklung von Konzeptionen und zum Austausch der Projekte. Der fünfte Punkt behandelt die Aus-, Fort- und Weiterbildung innerhalb eines frauenorientiertes Ausbildungskonzept. Und sechstens geht es um die kulturelle Öffentlichkeit. Mit der Verleihung von Preisen und Auszeichnungen soll das Werk von Frauen deutlicher als bisher gewürdigt werden. Eine vermehrte Benennung von Preisen nach bedeutenden Künstlerinnen wäre zu begrüßen.

In Hessen wurde bereits 1994 der Maria-Sibylla-Merian-Preis speziell für Bildende Künstlerinnen ausgelobt, ab 1996 wird auch das Land Nordrhein-Westfalen einen Künstlerinnenpreis vergeben.

Der siebte Punkt fordert die wirtschaftlichen Rahmenbedingungen, z. B. die gleiche Bezahlung von Männern und Frauen bei gleichwertiger Arbeit in allen Bereichen von Kunst und Kultur – selbst heute noch eine Forderung, weil die Männer im Traum nicht an eine Angleichung denken – gerade jetzt, wo die Gelder knapp werden!

Ich spreche diese inhaltlichen Diskussionspunkte an, weil ich im Verlauf der Gremienarbeiten erlebt habe, wie schwer es ist, die verschiedensten Forderungen auf einen Gesamtnenner zu bringen. Es ist aber wichtig, einen gemeinsamen Nenner zu finden mit dem ausgerüstet Frau sich auf dem Weg macht, um in ihrem Umfeld für die Sache zu streiten, wohl wissend, daß sie damit NICHT alleine ist. Ich wünsche mir für diese Tagung, daß neben den vielen Referaten und Lesungen auch ein Freiraum entsteht. Dieser Freiraum kann eine gemeinsame Sprache hervorbringen, die es leichter macht, die Dinge beim Namen zu nennen, zu sagen, was wir wollen und von wem wir was wollen und wer dann für diese Gemeinsamkeiten wann und wo einsteht.

Ingrid Wagner-Kantuser

Zur Situation von Frauen im Kunstbetrieb

Das Einsetzen der Arbeitsgruppe Kulturelle Aktivitäten von Frauen sowie die Einrichtung des Künstlerinnenprogramms zur Förderung von Projekten und Stipendien, die ausschließlich für Berliner Künstlerinnen bestimmt sind, kommt einem Bereich zugute, der kulturpolitisch besondere Aufmerksamkeit verdient. Diese Maßnahmen sind wesentliche Erfolge der Berliner Frauenbewegung, und hier besonders der für die Sache engagierten Künstlerinnen und Kultur- und Kunstvermittlerinnen.

Die im Verhältnis von Frauen, Kunst und Kultur verknüpften Widersprüche wurden gesamtgesellschaftlich erst seit den siebziger Jahren mit Beginn der Neuen Frauenbewegung in ihrer Komplexheit gesehen. Die Bewegungen und Initiativen, die sich mit diesem Verhältnis befaßten, machten – aus unterschiedlichen Perspektiven und mit verschiedenen Zielsetzungen – immer wieder deutlich, daß es sich bei dem jahrhundertelangen Ausschluß der Frauen als Subjekt der „hohen" Kultur um tief in der abendländischen, patriarchalisch strukturierten Kunst- und Kulturgeschichte verwurzelte Normen und Werte handelt.

Frauen waren nicht nur als Subjekt der Künste lange Zeit ausgegrenzt, sondern auch in ihrem Objektstatus, trotz aller Vielfalt der Bilder und Phantasien, nur mit bestimmten Rollen und Weiblichkeitsbildern verknüpft zu finden. Diese bewußten und unbewußten Bilder und Zuschreibungen von Weiblichkeit und Männlichkeit sind u. a. auch Gegenstand der Arbeiten zeitgenössischer Künstlerinnen seit dem Aufbruch der Frauen in den siebziger Jahren.

Am Ende des vergangenen und zu Beginn dieses Jahrhunderts waren Künstlerinnen und Frauenrechtlerinnen fast ausschließlich auf sich allein gestellt, wenn es darum ging, die Selbstverständlichkeit von professionell künstlerisch arbeitenden Frauen und eine Gleichbehandlung in Ausbildung und Kunstbetrieb einzuklagen. Nach dem erfolgreichen Kampf um die Zulassung zu den Kunstakademien und zum Aktstudium, das einen unerläßlichen Ausbildungsschritt z. B. im Hinblick auf die damals in der Rangordnung der Genres ganz oben stehende Historienmalerei darstellte und den Kunststudentinnen zunächst aus moralischen Bedenken verwehrt wurde, begann der steinige Weg um gesellschaftliche Anerkennung der Frau als Künstlerin.

Waren in der Nachkriegszeit in Deutschland kaum Künstlerinnen öffentlich präsent, so herrschte auch kein Bewußtsein über dieses Defizit. Traditionelle Rollen und biographische Muster wurden noch kaum reflektiert; Frauen wurden fast ausschließlich dem reproduktiven, dem häuslichen Bereich zugeordnet.

Die siebziger Jahre waren die Jahre des Bewußtwerdens und -machens der Problemlage, nämlich u. a., daß Frauen aufgrund ihres Geschlechts künstlerische Befähigungen abgesprochen wurden, die spezifischen Seiten weiblicher Erfahrung und „Lebenszusammenhänge“ keinen gesellschaftlichen Stellenwert hatten und sie aus den kreativen Bereichen, Kunst, Kunstwissenschaft und dem Kunstbetrieb nahezu ausgegrenzt waren. Es wurde an der Entwicklung einer geschichtlichen Tradition gearbeitet, denn die Annahme, es hätte keine Künstlerinnen in der Geschichte gegeben, erwies sich als falsch. Es stellte sich dagegen heraus, daß selbst bekannte Künstlerinnen vergangener Epochen von der Kunstgeschichtsschreibung nicht tradiert wurden, aus dem Kanon – aus unterschiedlichen Gründen – herausgefallen oder eliminiert worden sind.

Durch zunehmende Forschung im Bereich Frau und Kunst wurden enorme Wissendefizite, z. B. über den künstlerischen Anteil von Frauen an der Kunst und Kultur und deren Geschichtsschreibung erkannt und benannt, aber auch das bisher als gesichertes Wissen Geltende kritisch oder „anders“ gelesen, was ebenfalls zu neuen Erkenntnissen führte.

Die Initiativen von Künstlerinnen zur Realisierung von bedeutenden Kunstausstellungen oder Musik- und Theaterveranstaltungen sowie die feministische und Frauenforschung in den Künsten und Kunstwissenschaften schufen ein verstärktes Interesse als Voraussetzung für die zunehmende gesellschaftliche Akzeptanz und für die kommenden Jahre, in denen Künstlerinnen mit mehr Selbstbewußtsein ihre Rechte einfordern konnten.

In den achtziger Jahren setzte einerseits die Abwendung von sogenannten Frauenthemen und Frauenausstellungen und andererseits eine starke Professionalisierungstendenz ein, die u. a. durch die zunehmende Kommerzialisierung im Kunstbetrieb und die veränderte, berufsorientierte Einstellung der in immer größerer Zahl die Kunsthochschulen verlassenden Absolventinnen mit ausgelöst wurde. Es ging nun weniger um weibliche Lebens- und Kunstkonzepte, sondern vielmehr um Durchsetzung und künstlerische Strategien einer neuen Generation. Feministische Fragen traten mehr und mehr in den Hintergrund, da es den Anschein hatte, als hätten sich Künstlerinnen im Kunstbetrieb gut etabliert; zumindest hatten einige Amerikannerinnen und sehr wenige europäische Künstlerinnen das Spitzenfeld erreicht.

Diese hier skizzierte Entwicklung kann anhand von Zahlen aus der bildenden Kunst illustriert werden (Alle folgenden Zahlen aus: Bundesminister für Bildung und Wissenschaft: Künstlerinnen, Filmemacherinnen, Designerinnen. Arbeits- und Wirkungsmöglichkeiten in den alten Bundesländern. Ergebnisse einer Studie, Reihe Bildung-Wissenschaft-Aktuell 3/92):

In den spektakulären Großausstellungen (inkl. documenta 1982 und 1987) zwischen 1980-89 lag der Anteil von Künstlerinnen im Durchschnitt bei 9 %. In führenden Galerien und auf Kunstmessen schwankte die Präsenz von Künstlerinnen gegen Ende der achtziger Jahre zwischen 13 und 14 %. Bei überregionalen Maßnahmen der künstlerischen Nachwuchsförderung, also Förderpreisen, lag der Frauenanteil 1985-1989 bei etwa 30 %. Ende der achtziger Jahre zählten die Kunsthochschulen bereits 46 % Studentinnen der bildenden Kunst. Der Anteil der Abgängerinnen von künstlerischen Hochschulen und Akademien stieg bis Anfang der neunziger Jahre auf durchschnittlich ca. 52 %.

Preise und Stipendien mit Bundesbeteiligung wurden 1978 zwischen 10 und 15 % an Künstlerinnen verteilt.

1979-1985 waren es knapp 25 %. Für die neunziger Jahre, 1986-1993/94, liegt der Frauenanteil bei Preisen mit Bundesbeteiligung bei 27 %; diese Steigerung von nur 2 % liegt somit weit unter der Erwartung, bedenkt man die kontinuierlich steigenden Zahlen weiblicher Studierender in den künstlerischen Studienfächern. Dieses Zahlenmaterial bezieht sich auf alle Sparten. Der Künstlerinnenanteil z. B. bei den Preisen in der bildenden Kunst liegt bei 36 %, in der Sparte Musik, in der Frauen extrem unterrepräsentiert sind, bleibt er auf dem niedrigsten Niveau, bei 27 %.

Den eigentlichen Skandal machen jedoch nicht einmal die geringen Quoten aus, mit denen Frauen an der Preisverteilung beteiligt sind, sondern, daß bei den dotierten Preisen Männer die größeren Preissummen (82 %) erhalten. Künstlerinnen sind also nicht nur nicht entsprechend repräsentiert, sondern sie haben, werden sie einmal mit einem Preis bedacht, nichts davon, lassen wir die Ehre und den Blumenstrauß einmal außer Betracht. Hierzu ist anzumerken, daß Künstlerinnen mit einem viel niedrigeren Einkommen als Künstler auskommen müssen und von daher auch eher auf finanzielle Zuwendungen angewiesen sind. Außerdem haben viele Preise einfach mehr Prestige, wenn sie mit einem stattlichen Preisgeld gekoppelt sind.

Eine spartenübergreifende Bestandsaufnahme über Frauen im Kunstbetrieb Nordrhein-Westfalens aus dem Jahre 1993 bestätigt diese Tendenzen und kann in zentralen Ergebnissen mit der Berliner Situation verglichen werden, wie sie sich aus Sicht der Senatsverwaltung abzeichnet.

Der Anteil der Frauen in den künstlerischen Bereichen liegt in NRW bei ca. einem Drittel, wobei starke Abweichungen bezüglich der jeweiligen Sparten sowie der jeweiligen Positionen innerhalb der Hierarchie in den Sparten zu verzeichnen sind. Der Anteil im Bereich Film und Musik ist sehr niedrig, in der darstellenden und bildenden Kunst erfreulich hoch. Künstlerinnen sind immer dann gut vertreten, wenn es sich um Assistenztätigkeiten oder weniger renommierte Preise, Veranstaltungen oder Tätigkeiten handelt. Frauen müssen jedoch mit der Lupe gesucht werden, wenn es um leitende Positionen oder international repräsentative Veranstaltungen geht. Auch hier wurde festgestellt, daß bei finanzieller Förderungen Künstlerinnen entsprechend ihres Anteils an den Bewilligungen nur geringere Geldsummen realisieren können.

Diese Ergebnisse können auch für Berlin bestätigt werden. Die Marginalisierung der Kunst von Frauen in der Berliner Ausstellungslandschaft läßt sich anhand einiger überregional ausstrahlender Ereignisse beispielhaft zeigen:

– bei der Ausstellung „Metropolis“ im Jahre 1988, die im Martin-Gropius-Bau stattfand, waren von den Kuratoren Christos Joachimides und Norman Rosenthal neben 72 Künstlern 8 Künstlerinnen ausgewählt worden, dies sind 10 %;

– in der Ausstellung „Schwerelos“ 1991 in der Orangerie des Schlosses Charlottenburg (Kurator: Jeannot Simmen) fanden sich neben 66 Künstlern 4 Künstlerinnen, also 6 %;

– in der Ausstellung „Amerikanische Kunst im 20. Jhd.“ im Martin-Gropius-Bau 1993 (Kuratoren: Joachimides/Rosenthal) standen 5 Künstlerinnen 61 Künstlern gegenüber, also 8 %;

– in der Ausstellung „Der Riss im Raum. Positionen der Kunst seit 1945 in Deutschland, Polen, der Slowakei und Tschechien“ 1994, ebenfalls im Martin-Gropius-Bau (Romano Guardini Stiftung; verantw. Kurator: Matthias Flügge), wurden neben den 15 deutschen Künstlern nur 2 Künstlerinnen ausgewählt, deutsche Kunstentwicklung zu repräsentieren, also 12 %; den insgesamt 42 Männern standen 7 Frauen gegenüber, damit 7 %.

Zum Teil noch krasser sieht es im Bühnen- und Konzertbereich aus. Zwei Beispiele seien hier genannt. Beim Berliner Philharmonischen Orchester bspw. liegt die Frauenquote bei den Dirigaten für die zurückliegenden 40 Jahre praktisch bei Null (Sylvia Caduff dirigierte in den 70er Jahren ein Konzert). Der Anteil der aufgeführten Kompositionen von Frauen ist außerordentlich gering. Eine Ausnahme machen zwei Werke von Sofia Gubaidulina, die 1990 an zwei verschiedenen Abenden gespielt wurden. Das Orchester hat inzwischen sieben feste weibliche Mitglieder.

Im Repertoire des Berliner Ensembles war während der letzten zwei Jahre kein Werk einer Autorin zu finden; einer Frau, Elisabeth Gabriel, wurde in diesem Zeitraum die Gelegenheit gegeben, die Tourneefassung von Brechts „Jasager und Neinsager“ sowie Ionescos Stück „Die kahle Sängerin“ zu inszenieren.

Bezogen auf die Ankäufe von Kunstwerken in Berlin aus Mitteln der Deutschen Klassenlotterie ist festzustellen, daß von Künstlerinnen weitaus seltener angekauft wird als von Künstlern, zudem zu erheblich niedrigeren Preisen. So liegt die durchschnittliche Jahresankaufsumme für Frauen 1993 bei 45 % und 1994 bei 16 %

(pro Ankauf Künstlerin 4.395,- DM, pro Ankauf Künstler 26.956,- DM).

Quoten und Zahlen sind zwar besonders in künstlerischen Zusammenhängen verpönt, geben jedoch eine klare Folie ab für die relativ undurchsichtigen und unübersichtlichen Kriterien und Verhältnisse im Kunstbetrieb. Die Situation stellt sich nämlich anhand der Daten schlechter dar, als gemeinhin angenommen wird.

Die von kritischen Beobachterinnen des Kunst- und Kulturbetriebs vermutete Tendenz, daß es Künstlerinnen bis Ende der achtziger Jahre schafften, mit einem Anteil von rund einem Drittel im Kunstbetrieb Fuß zu fassen, seitdem aber eher Stagnation statt Weiterentwicklung zu konstatieren ist, bestätigt sich.

Zur Etablierung der Arbeitsgruppe „Kulturelle Aktivitäten von Frauen"

Um der anhaltenden Unterrepräsentanz von Künstlerinnen im öffentlichen Leben zu begegnen, wurden in der Senatsverwaltung für Kulturelle Angelegenheiten verschiedene Maßnahmen ergriffen.

1989 wurde innerhalb der Senatsverwaltung für Kulturelle Angelegenheiten die Arbeitsgruppe „Kulturelle Aktivitäten von Frauen" (AG) als Referat mit Querschnittsaufgaben eingerichtet. Die Arbeitsgruppe hat zum vorrangigen Ziel, Konzepte mit entsprechendem Maßnahmekatalog zu erarbeiten, die an der fehlenden Präsenz von Künstlerinnen im kulturellen Leben ansetzen sollen. Diese Aufgabenstellung beinhaltet sowohl ein Eingreifen in die vorhandenen Verwaltungsstrukturen als auch ein Agieren über die Verwaltungsebene hinaus.

Die AG ist organisatorisch im Stab des Senators, Ulrich Roloff-Momin, angesiedelt, wodurch eine direkte Kooperation und ein intensiver Informationsaustausch mit der politischen Spitze des Hauses möglich sind. Durch die Mitzeichnungspflicht bei der Vergabe aller freien Finanzmittel innerhalb der Senatsverwaltung sowie bei Jury- und Beiratsbesetzungen wird eine wichtige Beratungs- und Kontrollfunktion ausgeübt.

Seit Gründung der Arbeitsgruppe ist die umfassende Beratung von Künstlerinnen ein wesentlicher Arbeitsschwerpunkt, der mit der Vereinigung beider Stadthälften noch an Bedeutung gewonnen hat. Die Beratung umfaßt u. a. die Hilfe bei der Antragstellung, das Hinweisen auf andere Fördermöglichkeiten und Veranstaltungsorte, gezieltes Sammeln und Vernetzen von Ideen und Initiativen in den kulturellen Aktivitäten von Frauen. Damit das Förder- und Beratungsangebot der AG eine größtmögliche Öffentlichkeit erhält, werden kontinuierlich Informationen in entsprechenden Fachzeitschriften, Handbüchern u. ä. publiziert.

Eine weitere Aufgabe der AG sind die statistischen Erhebungen bezüglich der Einschätzung des Anteils der Förderung von Männern und Frauen innerhalb der verschiedenen Fachreferate der Senatsverwaltung für Kulturelle Angelegenheiten.

Ein jährlicher Bericht über die anzustrebende paritätische Förderung von Künstlerinnen aus Haushaltstitel 681 19 (direkte Künstlerförderung) an das Berliner Abgeordnetenhaus wird von der AG anhand des statistischen

Materials aus den Referaten der Senatsverwaltung erstellt. Hier zeigte sich, daß von 1989 bis 1991 nicht von einem kontinuierlichen Anstieg der Vergabe von Stipendien an Künstlerinnen ausgegangen werden konnte. Allerdings zeigen bereits die Zahlen für 1992 eine deutliche Verbesserung in der Förderung von Künstlerinnen. Diese Tendenz setzt sich auch in 1993 fort.

Das Berliner Künstlerinnenprogramm

Auf Initiative des Senators für Kulturelle Angelegenheiten, Ulrich Roloff-Momin, wurde im Mai 1992 vom Senat von Berlin ein gesondertes Förderprogramm für Künstlerinnen erlassen.

Das Programm hat die Zielsetzung, die kulturellen Aktivitäten von Frauen noch effektiver zu fördern, als das in Berlin bisher getan wurde. Das exemplarische Förderprogramm für Künstlerinnen aller Sparten – analog etwa zu dem erfolgreichen Frauenforschungsförderprogramm der Senatsverwaltung für Arbeit und Frauen – versteht sich als Ergänzung zur bestehenden Künstler- und Künstlerinnenförderung und unterstützt die künstlerische Arbeit von Frauen unter besonderen inhaltlichen und ästhetischen Prämissen.

Durch das Künstlerinnenprogramm soll der Anteil an geförderten Künstlerinnen in Berlin insgesamt gesteigert und gleichzeitig eine größere Öffentlichkeit für die Werke von Künstlerinnen hergestellt werden. Künstlerisch tätige Frauen sollen durch diese Maßnahme generell ermutigt werden, ihre persönliche künstlerische Entwicklung konsequent weiterzuverfolgen.

Das Künstlerinnenprogramm berücksichtigt qualitativ überzeugende Arbeiten von Künstlerinnen u. a. unter folgenden Schwerpunkten:

– experimentelle und interdisziplinäre Arbeiten

– Vorhaben, die sich entweder methodisch oder inhaltlich mit Fragen der Geschlechterverhältnisse befassen

– künstlerische Beiträge zur Diskussion um neue ästhetische Konzepte und den Stellenwert von Kunst.

Die Förderung, die jährlich erfolgt, umfaßt Stipendien, Projektzuschüsse und Unterstützung von infrastrukturellen Maßnahmen.

Mit der Projektförderung werden freie Gruppen zur Vorbereitung und Durchführung von Ausstellungen, Symposien, Konzerten, Theaterproduktionen und anderen künstlerischen Veranstaltungen bezuschußt. Förderungsfähig sind alle Kosten, die bei der Vorbereitung und Realisierung der Veranstaltung oder des Projektes nach Maßgabe der Erstattungsfähigkeit gemäß der Landeshaushaltsordnung und den Ausführungsvorschriften entstehen. In diesem Rahmen werden vorwiegend Personalmittel, Sachmittel, Werbekosten und Druckkosten für Publikationen finanziert.

Infrastrukturelle Förderung betreffen laufende Personal- oder Sachkosten bei Künstlerinnenvereinigungen und kulturellen Straueninitiativen und -vereinen.

Stipendien werden zu drei, sechs und neun Monaten à DM 2500,-, ggf. zuzüglich DM 300,- Kindergeld, Material- bzw. Reisekosten bewilligt.

Ein unabhängiger Beirat, bestehend aus neun Experten aus allen künstlerischen Bereichen, trifft die Auswahl aus durchschnittlich 350 Anträgen pro Ausschreibung.

Die große Nachfrage seit der 1. Ausschreibung im Mai 1992 zeigt den außerordentlichen Bedarf an gezielter qualitativer Förderung der Arbeit von Künstlerinnen. Im Durchschnitt wurden jedes Jahr ca. 35 Stipendien, Zuschüsse zu knapp 30 Projekten und ca. 4 Infrastrukturmaßnahmen vergeben. Diesen Förderungen stand jeweils ein Antragsvolumen in 8 – 10facher Höhe gegenüber.

Auswirkungen des Künstlerinnenprogramms bei der Künstlereinzelförderung innerhalb der Senatsverwaltung für Kulturelle Angelegenheiten (Berichtsstand Mai 1996)

Die Daten für das Haushaltsjahr 1994 zeigen, daß – leichte Schwankungen eingeschlossen – eine Stabilisierung der Beteiligung von Künstlerinnen an der Stipendienvergabe auf hohem Niveau zu konstatieren ist. Es lagen insgesamt 1.896 Anträge zur Entscheidung vor, 1.008 (53 %) von Künstlern, 888 (47 %) von Künstlerinnen. 250 Anträge wurde positiv beschieden, davon 135 (54 %) von Künstlern, 115 (46%) von Künstlerinnen. Bei den zu vergebenden Stipendien- und Preisgelden in Höhe von 2.052.981 DM wurden Künstler insgesamt mit 1.046.662 DM zu 51 % berücksichtigt, Künstlerinnen insgesamt mit 1.006.319 DM zu 49 %.

Doch nach wie vor ist dieses gute Ergebnis abhängig vom Wirken zusätzlicher frauenkulturpolitscher Maßnahmen im Bereich der Stipendienprogramme. Dies zeigt ein Blick auf die Daten, die das Künstlerinnenprogramm (Bewerbungen 220, Bewilligungen 27, Fördersumme 347.866 DM) unberücksichtigt lassen (Zahlen von 1994):

- Bewerbungsanteil von Künstlerinnen
  = 40 % statt 47 %
- bewilligte Anträge von Künstlerinnen
  = 39 % statt 46 %
- bewilligte Gelder für Künstlerinnen
  = 39 % statt 49 %

Auswirkungen der Arbeit im Referat AG Kulturelle Aktivitäten von Frauen und durch das Künstlerinnen-programm:

– erheblich verbesserte Förderung von Künstlerinnen in Berlin durch kompensatorische Wirkung des Programms

– positivere Einstellung zum Gleichstellungsauftrag von Seiten der Verwaltung wie auch im kulturellen Klima (Medien, Kultureinrichtungen)

– Erhaltung und Intensivierung der Arbeit bestehender Initiativen, Vereine und Verbände der Kunst und von Frauen, wie z.B. Gedok e.V. Berlin, Das Verborgene Museum, Musikerinnenfestival „Wie es Ihr gefällt", Blickpilotinnen Frauen und Film, Begine e.V. u.a.

– hohe Akzeptanz und Vorreiterrolle des Künstlerinnenprogramms und der Arbeit des zuständigen Referats auf regionaler und bundesweiter Ebene

– trotz geringer Fördersummen erheblicher Output bzw. Einwerbung von Drittmitteln und Kooperationspartnern durch die Zuwendungsempfängerinnen.

Ulrike Liedtke

geboren 1958 in Weimar, lebt in Berlin
Musikredakteurin, Musikwissenschaftlerin an der Akademie der Künste der DDR
Abteilungsleiterin im Ost-Berliner Magistrat für Kultur
seit 1991 Gründung und künstlerische Leitung sowie Geschäftsführung der Musikakademie Rheinsberg GmbH
Arbeitsgebiete: Veröffentlichungen zur zeitgenössischen Musik, Lyrik, Prosa

Angelika Janz

geboren 1952 in Düsseldorf, lebt in Essen und Aschersleben, Mecklenburg-Vorpommern
Arbeitsgebiete: Lyrik, visuelle Poesie, Prosa, Hörspiel, Bildtextarbeit
Schräge Intention, Gedichte, edition ch, Hrsg. Franzobel, 1995
Fragmenttexte von Deut zu Deutung, Siegen 1995

Barbara Höhfeld

geboren 1934 in Dortmund, lebt in Frankfurt
Übersetzerin bei der Europäischen Gemeinschaft
Arbeitsgebiete: Erzählungen, Lyrik, Übersetzung, Essay, Rezension, Theaterkritik

Silvia Kabus

geboren 1950 in Görlitz, lebt in Leipzig
Mitglied des Runden Tisches der Stadt Leipzig
Nach mitvollzogener Liquidation des Schriftstellerverbandes der DDR 1991 Aufbau des Literaturbüros Leipzig
Arbeitsgebiete: Prosa, Essayistik, Lyrik
Felix und der Wolf, Filmszenarium, UA 1988

Gabriele Stötzer

geboren 1953 in Erfurt, 1977 wegen Biermanns Ausbürgerung ein Jahr Knast, 1992 Rehabilitation
1991 Gründung des Vereins Kunsthaus Erfurt
Arbeitsgebiete: Lyrik, Prosa
zügel los, 1989
grenzen los fremd, 1992
erfurter roulette, 1996

Liane Dirks

geboren 1955 in Hamburg, lebt in Köln
Arbeitsgebiete: Drehbuch, Hörspiel, Roman
Die liebe Angst, Roman, Hoffmann und Campe, Hamburg 1986

Ulrike Liedtke
„Rheinsberger Salon"
Literatur in einer Musikakademie

Was Literatinnen zusammentreibt?

Wissen, worüber die andere schreibt, was sie fühlt, worüber sie nachdenkt.

Neugier, wie sie das macht, mit welchem Material, in welchem Rhythmus.

Genießen, was ihr gelungen ist, sich bestätigt fühlen und diskutieren, kritisch natürlich.

Warum aus Ost und West?

Weil Geschichten aus verschiedenen Leben erzählt werden müssen, verschieden in Ost, verschieden in West, verschieden in Ost und West.

Weil es knistert, wenn Eine eigene Schlüsse über die Andere zieht, wenn Kenntnis fehlt,

Zurechtgelegtes unrecht ist und umkippt.

Weil so Vieles ist zwischen dem Ural und L.A., das noch geschrieben werden soll.

Alles im Salon?

In einem zauberhaften Städtchen nahe Tucholsky, nahe Fontane, nahe Voltaire.

Im alten Kavalierhaus am Schloß, Friedrich der II. ruft gerade zur Probe des neuen Flötenkonzertes. Verquer soll es klingen, ungewohnt, Quantz experimentiert. Auch seine Flöte klingt nicht ganz ausgewogen, die 2. Klappe hat er noch nicht erfunden. Franz und Johann Georg Benda stimmen ihre Geigen, natürlich spielen sie nicht drauflos, wie mancher später behauptet. Kapellmeister Graun diskutiert über die Rückführung der Kadenz, zwischenzeitlich strahlt sein Tenor über den Grienerick-See. Bruder Johann Gottliebs Geige stimmt jetzt auch mit denen von Czarth, Blume und Grunke überein, Reich spielt Viola und später wird es keine Noten mehr von ihm geben. Antonius Hocks Beine klemmen um sein Cello, der Kontraviolone Janitsch erzählt gerade von Freitagsmusiken, die er in Berlin gründen will. Er wird Abonnementkonzerte einführen, immer Freitags, ob man Lust hat oder nicht.

Petrini schraubt an seiner Harfe herum, stundenlang, alle kennen das. Baron, an der Laute zupfend, weiß zu berichten, daß es dem König nicht allzu gut geht in Berlin - ob der junge Kronprinz vielleicht sein Rheinsberg bald verlassen muß? Was soll's, Fritz wird nicht ohne seine Musiker König! Christoph Schaffrath traktiert sein Cembalo. Eine Lindenoper könnte man gründen, die braucht Musiker. Die Rheinsberger Hofkapelle wird ihren Grundstock bilden. Um den See spazieren zwei Hornisten, unbeschäftigt im Flötenkonzert, frei für eine Utopie. Vielleicht klingt unsere Musik auch noch in 250 Jahren, zu ganz aktueller Lyrik, verquer, ungewohnt, experimentell. Schöne Frauen sollten sie lesen, am besten nur Frauen. Und neue Musik muß dazukommen, unvorstellbar neu.

Während die beiden Hornisten über Literatur und Musik philosophieren, schweben Flötenkoloraturen durch den Rheinsberger Schloßpark.

Angelika Janz

Rheinsberger Ablagerung (über Abgelagertem)

Es war für mich das erste Mal, mit so vielen Menschen, sprich so vielen Frauen einige Tage zusammen zu sein, zu reden, zuzuhören, einander ins Gesicht zu schauen, Abwesenheiten und Ablagerungen wahrnehmend, Fragen, die sich allmählich vom Herzen einen Weg über die Zunge bahnten oder von dort aus zurückwanderten.

Seit 1994 im Nordosten lebend, übertrug sich mir spürbarer unausgesprochen Vorverurteiltes, bis hin zu grob verdeckter Ablehnung „von beiden Seiten".

Nur vager Austausch über die eigene Arbeit, das Netz (-werk/oh!) ist (noch) unsichtbar trotz Korrespondenzversuchen danach; es unterbleibt, was anfänglich freudiges Herzklopfen bereitet hat, das Du-Sagen und Du-Fragen, danach.

Punktuell herzliche Nähe, dann blieb ich allein, in aller Verbindlichkeit, und auch das Geteilte blieb: nur einmal rückten die gespaltenen Hälften der Eisfläche nah und schwankend aneinander: als wir eines Abends anfingen zu singen – da wärmte etwas Solidarisches, mehr gemeinsame Geschichte als vermutet, die uns trug.

Ein nächstes Mal – soll sein, weil, was jetzt schon Erinnerung ist, später gefiltert, fragmentiert, bewertet fürs Eigene, den eigentlichen Anfang begünstigen wird – für die Ein-Richtung Rheinsberger Salon: als Inbegriff kontinuierlicher Treffen vielfältig engagierter schreibender Frauen – am selben Ort. Von dort aus kann es strahlen.

Aschersleben 21.11.95

Barbara Höhfeld
Rheinsberg: der erste Salon

Ein literarischer „Salon"? Das riecht doch gleich nach Weiblichkeit.

Richtig. Vom 18. bis 21. September 1995 trafen sich in Rheinsberg (Mark Brandenburg) im Schloß Schriftstellerinnen aus Ost und West. Ich war für den VS Hessen dort; Renate Chotjewitz-Häfner fuhr mit mir (übrigens beide auf eigene Kosten). Mit ihrem Wissen als ehemalige Landesvorsitzende kann Renate mich vieles lehren, mich auch mit den Leuten bekannt machen, die sie schon seit Jahren kennt.

In meiner Neugier fühlte ich mich belohnt. Beschenkt mit Glücksgefühlen: über die Schönheit des Ortes, über die Begegnungen mit Frauen, von denen eine interessanter als die andere war; über neue Erkenntnisse, die sich in Vorträgen, Lesungen, Diskussionen für jede einzelne spezifisch herausschälten. Am meisten beschäftigten mich, tun es noch heute, die Verständigungsbarrieren, die sich zwischen den Frauen aus Ost und aus West aufbauten.

Man muß das erlebt haben, wie Jutta Heinrich ein Feuerwerk über die Diskriminierung der Frauen zündete, so daß alle Frauen aus dem Westen sich vor Lachen kaum noch halten konnten, während die Frauen aus dem Osten mit langen, leeren Gesichtern herumsaßen; denn sie verstanden nichts. Es lag nicht an den Worten selbst – die können im Ost-West-Dialog auch ganz schön trügerisch sein – sondern hier mußte man die Umstände kennen, auf die der Text fortwährend Bezug nahm, ohne sie zu benennen, um die Witze zu verstehen. Obwohl als Fischer-Taschenbuch erschienen, entpuppte sich der Vortrag als ausgesprochene Insider-Verständigung. Jutta Heinrich schien sehr betroffen, als sie das merkte.

Einmal gebrauchte eine Diskussionsteilnehmerin einen ganzen Schwarm von westdeutschen Schlagwörtern, so daß der Zwischenruf ertönte: „Typisch Westen!" Die Frau war empört: sie gehörte zu DDR-Zeiten zu den angesehenen Autorinnen, sie war aus dem Osten! Inzwischen hatte sie sich aber auch die Westler-Sprache angeeignet. Und mit deren Gebrauch ein wenig übertrieben.

Es gab spannende Vorträge.

An den Nachmittagen, an den Abenden, kamen die Schriftstellerinnen selbst zu Wort; es gab eine gewaltige Anzahl von Lesungen.

Eine der Autorinnen, die sich mir am tiefsten eingeprägt haben, ist Gabriele Stötzer aus Erfurt. Sie redete gleich zu Beginn über „die möglichkeit der sprache in und nach einem totalitären System". Sie gab mir ihren Text, und dort lese ich gegen Schluß: „die zukunft ist für mich das finden eleganter intelligenter neuer bilder die andere bewegungen und körperliche schönheiten mit sich bringen die worte anders sich umschlingen lassen wie körper einen freien tanz erfinden der ihnen alle sprachen und melodien zugänglich macht".

Diesem Unternehmensgeist, dieser Zukunftsfreude begegnete ich in Rheinsberg an jedem Tag. Auch sie trugen zu meinem Glück bei, zum Lohn für meine Neugierde.

Sylvia Kabus
Langsame Erwärmung

Ein plötzlicher Funkelblick manchmal aus sarkastisch gefältelten Augenwinkeln, blanker Trotz, etwas Blitzendes, das die zurückgelegten Wege kennt und überblickt, eine Festigkeit, anders als die des Habens und Zählens, aber doch auch des Hauens und Stechens, sich Wehrens und Drauflosgehens, nicht Lockerlassens, des Säens und Hütens und Zurückschlagens: eine ganz bestimmte Festigkeit vielleicht?

Es gab auf jeden Fall ein erstes Bild von ihnen. Sofort im Herbst 1989, als einige da waren, junge, ältere, bei überhitzten Gesprächen und Sammlungsversuchen. Sie erlebten explodierende politische Tatenwut und Übermüdung in einem, das Abgerißne schon im Anfang, würde das ein Ganzes werden? Sie waren gekommen, um das eine und andere gesagt zu haben, vor dem Einbruch ihrer Gegenwart als Zukunft für uns, nicht zur Rekrutierung von Mitgliedern geschickt, in keiner Mission als ihrer Verständigkeit. Es waren nicht Wohlhabende; sie teilten sich in Hamm oder München befristete Stellen miteinander und erhielten bedrohte Projekte am Leben, ebenfalls bis zur Erschöpfung, und all das erstaunte mich und mußte ich gegen bestimmte Vorstellungen ins Innere lassen, aber sie schienen doch sicher zu wissen, was Zerstörung ist und auf welchen Wegen sie vorangeht. *Wehrt euch. Das geht nur kurze Zeit, so schön es auch ist, das Reden und Reden und Reden, plötzlich ist es unmöglich, etwas zu bewegen oder es wird unglaublich schwer.*

Eine Vertrautheit schien möglich oder nahe herbeigekommen, und daneben stand steil und wie unabänderlich meine oder unsere Erwartungslosigkeit gegenüber der Gesellschaft des Westens. War sie ein Gedanke? Eine bevorstehende Erfahrung wohl, aber ein Gedanke? Der Anblick aus der geschwisterlichen Ferne hatte sich nie zu einer Hoffnung erwärmt, zu welcher auch? Wo waren vordem, über Jahrzehnte hinweg, Stimmen, Arme, Augen gewesen, die die einzig mögliche Richtung, von West nach Ost, genommen hätten? Eine kindliche Frage. Wo gibt es Interesse, *Engagement* ohne Zwang, ohne Zug- und Druckkraft?

Um *Hilfe* also, in welcher Not auch, kann es nicht zuerst gehen, eher um Gegenseitigkeit. Etwas Fruchtbares. Beispielsweise die *Frauen* mit Neugier anzusehen anstatt mit Forderung, mit einem Empfinden für die schleifenden Erfahrungen, die auch sie gemacht haben, ohne Erbarmen des Systems für Schwäche- und Sehnenszustände. Aber zugleich: Wollten *wir* werden wie sie? So trainiert, emsigwach, hartwach, wissend, mit vielen Wassern gewaschen, so überschmissen in der Durchsichtigkeit des Geldsystems? So handlungsunfähig zu jeder Minute. *Ich* wollte so nicht werden. Und wäre es denn überhaupt möglich?

Ein Aspekt des aus dem fernen Osten in den Osten Deutschlands Eingewachsenen ist das Warten. Die Dauer, der gedehnte Atem. Ein Aspekt des geschauten Westens die Eile, die ameisengleiche Unaufhaltsamkeit, aus der Ostdeutsche sich auch weiterhin, in eigenem Rhythmus, zurückziehen werden in die melodiöse Öde, die das Umgebende war und die das mitgeschaffen hat, was sich noch zeigen wird als Ich. Sie ist nicht beschreibbar für jene, die sie nicht erlitten haben oder genossen. Wie Meditation etwa, mit Erhellungen für die Seele. Ein regsames Ruhefeld. Etwas, das eine effektiv nach vorn sich fressende Gesellschaft nur denunzieren kann. Im Verneinen also erscheinen Konturen. Zellkerne von Identität. Im Verneinen sind sich *bei uns* weit mehr einig, als je ausgesprochen werden wird. Ich gestehe, wir erschienen uns: wesentlicher. Salziger. Und hätte ich nicht immer wieder einmal Frauen gesehen und wiedergesehen aus Westdeutschland, wer weiß, wieviel sich längst erübrigte im Herzen. Ich lebte dann, mit vielen anderen, im Westen weiterhin im Osten. Das ginge durchaus. Eine kraftsparende, zurückgenommene Variante, aber doch nicht schlechter als viele andere. Aber die Stimmen, die Haare, Gerüche. Die Fußstellungen, die bei Demos abgelaufenen Sohlen, an den Rheinufern, in den Innenstädten, die Schreie, das Hohnlachen auf *diesen Staat*, die Angst vor der Miete, der Widerstand. Diese sind gemeint. Daß es sie gab, daß es sie gibt. Eine sanft herüberwachsende Erwartung, die an mein Gewappnetsein rührt, an mein Lebenkönnen in der bekannten Dürre, ohne zu verdorren. Blicke hin und her. Entgegenkommen, Rückzug. Entdeckung der erstaunlichen eigenen Kraft? Mittendrin sein, unerklärt? Die Schinderei des Fragens. Welche Sicherheiten gibt es in der Nähe? Welchen Schutz vor den männlich-mörderischen Seiten des Systems? In der wiedererkannten Angst vor dem Machtversuch Zentralismus, der mir unter *Linken* (Was ist das? Wer seid ihr?) ebenso entgegenkommt wie damals in der DDR. Vor der Halbwahrheit, dem Gewendetsein, dem heimlichen Versuch der Manipulation, den jedes Kollektivum begeht. Kein Schutz, nirgends. Männliches ist in den Frauen wie Weibliches in den Männern, nur stärker, entwickelter. Schutz ist da allenfalls vor Illusion.

So bleiben als Bezug die Gesten. Eine Zartheit des kurzen Zuhörens, kraftsprühende Bosheit, Rauflust – und immer wieder das Abwenden vor erspürter Fremdheit: bei ihnen nicht weniger als bei mir: Hochsensibel sogar, als wären sie fixierter, abhängiger noch von ihren Umständen, angestrengter, sich *anderem* zuzuwenden. Zu entwickeln ist eher das Münz As der Distanz, Nähern/Entfernen/Nähern, ein Pulsieren, das dem Weiblichen entspricht, dem oft versagten Raumbedürfnis, dem Oszillieren nahe an einer urplötzlichen Zerbrechensgefahr, die wir aneinander kennen. Freiheit ist bei sich zu bleiben, nach langem Verlorensein zu Hause sein bei sich. Dann in anderen.

Gabriele Stötzer
Die besondere Schönheit beim (Vor)lesen

Rheinsberger Gespräche – 1. Literarischer Salon der Schriftstellerinnen aus Ost und West vom 18.9. bis 21.9.1995
In der Musikakademie Rheinsberg im Kavaliershaus in der Schloßanlage

Manchmal, wenn ich Schriftstellerinnen gegenübersitze, die ihre Texte vorlesen, verändert sich ihre Stimme, legt sich eine Röte von Herzklopfen begleitet auf ihr Gesicht, als wären sie im Lesen verwunschen. Sie verändert auch mich, die ich das Andere sehe, wie eine gemeinsame Droge, die von Worten herrührt und einer nicht zu bestimmenden atemberaubenden Nähe des Mundes als Pforte der Gedanken, die diesen Text erfanden. An der Quelle sitzend, Labsal trinkend, betörend verführt mitzugehen in das andere Land.

Rheinsberg ist selbst eine Fabel mit Park und Schloß und Wassergraben und dem Nebel, der sich langsam wetterentsprechend aus dem See erhebt und an Wesen glauben läßt, die als Sphinxe verkleidet im Park thronen oder als Dianas an den korinthischen Eingangssäulen stehen. Gut behütet taut das Schloß auf in Gesichter ländlichen Lächelns, die Türen sind gesichert mit wechselnden Geheimcodes, „und dabei haben sie uns vorige Woche doch den Videorekorder und und und... gestohlen".

Das Schloß bietet Doppelbettzimmer und Veranstaltungsräume in deren kargen Enge sich drei Tage lang über 60 Frauen trafen, lasen, zuhörten, sich bekanntmachten, diskutierten, vorstellten, aufeinander zugingen.

Aktive Organisatorinnen wie Monika Walther (Münster), Ingrid Protzke (Potsdam), Elisabeth Roters-Ullrich (Gladbeck) und Ulrike Liedtke (Rheinsberg) hatten die Literaturöffentlichkeit von Ost und West eingeladen. Eng plaziert wie in den Veranstaltungen waren auch die Zeitpläne, unermüdlich reihten sich Lesungen an Referate, Diskussionen, Schloßbesichtigung, Essen, Pausengespräche, Büchertische, Musikeinlagen.

Der gedrängte Ballast Organisation, unter dem die Anwesenden stöhnten, während sie fleißig und diszipliniert zur nächsten Veranstaltung gingen, war auch der Erfolg des Treffens.

Die zermürbende Vorbereitungsarbeit von einem halben Jahr, die die Beteiligten von eigenen Arbeiten abbrachte, spiegelte sich in klaren Strukturen wieder, die die Beweggründe des Treffens bestätigten. Schriftstellerinnen von Ost und West wollten sich jetzt nach 5 Jahren Begegnungsfreiheit endlich persönlich kennenlernen. „Das Außerordentliche, die Aufregung, das Herzklopfen von 89 ist vorbei…“ aber mit dem Spektakulären auch die Oberflächlichkeit und so konnten sich die Frauen nach dem Vorstellen nach und nach erkennen, Gesichter zu Namen schieben und Temperamente mit Texten koppeln.

Es vermittelten sich Lebensstrategien, wenn sich für die einen das gesellschaftliche Feindbild veränderte, wandelten sich für die anderen die gesellschaftlichen Verbündeten.“ Zeitschriften, die früher die Frauen ermutigten selbständig zu werden, zu arbeiten, sich selbst zu vertreten, schreiben heute das Gegenteil...". Der Westen, der nach den aufregenden 60iger Jahren in den 70igern eine starke Frauenbewegung mit eigenen Zeitungen und Verlagen hervorbrachte, hatte in den 80iger Jahren eine retardierende Bewegung aus der Öffentlichkeit in andere Räume. Die 90iger Jahre mit einem geöffneten Umfeld zeigen eine neue Haltung sich engagierender Frauen in öffentlichen Positionen. So sprachen in Rheinsberg Frauen aus den Literaturbüros, dem VS, der Stiftung Kunst und Kultur, der Künstlerinnenförderung, dem Frauenkulturbüro. Es wurden neu eingerichtete Schreibbüros in Hamburg mit Heizung und modernster Technik, die billig gemietet werden können, vorgestellt, Bücherfrauen e.V. in Dresden mit eigenem Buchhändlerinnenpreis, Managerinnen und Fem-net ist gegründet, ebenso ein Pressebüros transit in Berlin, in dem sich Hunderte von freien JournalistenInnen selbst organisieren. Thema waren Rechte bei Veröffentlichungen im Wirrwarr der vernetzten Computer, Tricks mit einmaligen Abkaufrechten, die unkontrolliert weitervermittelt werden; geschickten Kollagen, die die Urheberrechte verschleiern. Technik, Geld, Wirtschaft und in allem der Weg der Erkenntnis, daß Kompetenz und persönlicher Einsatz den Zeitwert bestimmen.

Auf eine Autorin von heute warten nicht nur sich selbst bewegende Züge zum Verlag und zu Lesungen, sondern Computerprogramme, Ausfüllbögen für Projektunterstützung, Anträge auf Stipendienplätze.

„Information und Vernetzung" sagt die Zeit und „wir sind da" sagen die Frauen in den Institutionen und „ich will jetzt einmal etwas von den persönlichen Problemen der einzelnen Schriftstellerin hier wissen“ sagt eine andere Schriftstellerin. Doch da schoben sich noch schnell einige Vorträge über „das Gehen auf einem Bein“ und „zur Utopie bei Christa Wolf und Ingeborg Bachmann“ und „Idenditätsprobleme in der ethnischen Frauenliteratur der USA“ dazwischen, um die Schwierigkeiten bei der Annäherung in der wirklichen nahen Nähe zu veranschaulichen. Die anwesenden Lebendigen sahen sich den ewig handlichen unerreichbaren Stelen der Altgermanistik gegenüber, eine Autorin regte sich darüber auf, daß die deutschen Verlage die jungen deutschen Schriftstellerinnen aufgegeben haben, die älteren redeten von der wenigen Präsenz der Nachkriegsfrauengeneration. Es zeigte sich, daß es neben der Nichtexistenz des großen deutschen weiblichen Romans keine weibliche Kritikerin mit eine eigenen gegenwärtigen Literaturtheorie gibt.

Am zweiten Tag, als eine Hälfte der anwesenden Schriftstellerinnen schon gelesen hatte, und die andren noch nicht, ergaben sich Spannungen, denn wenn die einen ihren Dampf in die Welt schon abgelassen hatten, kochte in den anderen doch das tiefe Wesen ihrer unausgesprochenen Worte. Ein murmelnder Untergrund wurde sichtbar. Das Stöhnen der Organisatorinnen, der Aufschrei der Autorinnen gegen die Dominanz der Institutionen, Vernetzung und Bürokratie, als würde die Moderne in ihrer schnellebigen Existenz alle Gegensätze angleichen. Noch fanden sich die ehemals Ostdeutschen mit ihrem Emanzipationsanteil und dem unbeschwerten Versuch westliche Vorteile auszunutzen vor dem erschöpften Staunen der Altwestlerinnen, aber auch das wurde von dem Desillusionierungsvorgang, der gleichermaßen in West wie in Ost auch die Frauen untereinander erfaßt, mit aufgenommen. Denn das gesellschaftliche Engagement und die Initiative der Frauen entspricht in Ost genauso wenig ihrem wirklichen wirtschaftlichen Mitteln wie in West. Außerdem übt sich die verträumte Dichterin in Ost genauso in Ideensuche, Überlebensversuchen und Disziplinierungsvorgängen wie die in West.

Gut war, daß fast alles ausgesprochen wurde, daß es im Raum stehenblieb und irgendwann Bestandteil der Zusammenkunft wurde, und – daß es unbeirrt weiterging. Weil die vier Tage in Rheinsberg ein erstrittener Urlaub waren aus dem Alltagsleben. Und weil sich jede Frau, die schreibt, immer wieder diesen anderen Raum Gegenwart entleihen muß. So kam es hier zu keinen inhaltlichen Statements, sondern mehr zu einem gegenseitigen Schulterschluß der Lebensexistenz als Autorin.

Zur Abschlußdiskussion wurde ein vorläufiger Name „Rheinsberger Salon" kreiert, der sich in einem Abstand von 2 Jahren wiederholen soll – natürlich in Rheinsberg.

Liane Dirks
Schonungen

Schön ist es ja das Rheinsberg.

Und diese putzige Sprache von Claire, dem Tucholsky-Liebchen: „Glaubssu, daß es hier Bärens gibt?“

Was für eine Vermutung! „Bärens“ gibt es dort bestimmt nicht. Wenn man aber mal bedenkt, daß ein Prinz, ein echter leibhaftiger Thronfolger mit einem profanen Namen, nämlich Fritz, einst vorbeiritt, über einen kleinen Weiher – auch See genannt – blickte und sich verliebte in ein Anwesen, das eher bescheiden und schäbig war und als einzige Attraktion nichts als einen Turm bot, um es dann zu prägen und prägen zu lassen. –

Was muß er Schönes gesehen haben, welche Eingebung war es, die ihn absitzen ließ vom hohen Roß und träumen, immerzu oder wenigstens ein paar Momente lang? Ein Gefühl für den richtigen Ort, für Blicke und Aussichten, für Stimmungen und versteckte Gefühle, für Sachlichkeit und Probierlust, Spiel und Ernst. War es der Abstand von hier nach da, von sich zum anderen Ufer, der so betulich und überschaubar war? Oder waren es die Farben, die sanften Graus und Grüns, die ihn lockten hinzusehen, sich auszuruhen und dachte er an das Jetzt oder an die Zukunft, die auf ihn zukam, unweigerlich und der er seinen Stempel aufdrücken würde?

Es ist wie in der Togal-Werbung: wir wissen es nicht. Feststeht, er drückte seinen Stempel drauf und dann kamen die Brüder, die Kriege und die Diabetiker, die drückten auch. Bauten um und an, zerstörten und erneuerten, beschrieben Schilder mit Anweisungen „Bestekke nicht im eigenen Zimmer waschen", schoben Rollbetten über Königsplanken, hängten Bettlämpchen auf Seidentapeten, setzten sich Spritzen unter den vier Eingangsmusen. Makler kamen und kauften Seegrundstücke, Einkaufsketten kamen und errichteten Zentren. Alles historisch.

Frauen kamen auch. Schreibende.

„Glaubssu, daß es hier Literarinnens gibs?"

In langen Blumengewändern, sächselnd, streng, in Schwarz mit roten Lippen, Meckipowerfrisur, bunt, alt und jung. Langhaarig, kurzhaarig, mit Kindern ohne Kindern, aber dafür Zigarettenspitzen. Ein enfant terrible, das ungefährlich meckern durfte.

Sie hatten sich ein Programm ausgedacht, sie wollten reden und sie machten große Anleihen: ein Salon, das ist schon was.

Sie suchten Aussichten und Perspektiven, sie aßen – ein bißchen zu fleischhaltig –, hörten sich zu, mieden sich und suchten sich, erhoben sich, lasen sich vor, endlos und unermüdlich, Musik wurde ihnen geboten, sie aßen, tranken, sie gingen schlafen, sie hörten sich zu, einmal zankte eine, sie klagten Verständnis ein.

Sie suchten weiter Perspektiven, hörten sich zu, lästerten hinterrücks und tratschten viel, sie sangen, machten Pläne, der erste war, sie wollten weitermachen, sie beschlossen wann und wo, sie aßen und tranken und „kehrten zurück und packten ein, fuhren in dem rumpeligen Hotelwagen zur Bahn"...

Selten war Tucholsky so zahm gewesen, so lieb, so bedeutungslos und so erfolgreich. Eine Fortsetzung gab es bei ihm nicht. Aber warum betonte der Herr Museumsleiter immer wieder, daß Rheinsberg an Gripsholm gemahnt, an das Ende, den Niedergang, die Verzweiflung, den Tod.

Ja, warum wohl.

„Versteh uns doch auch mal", sagten die Ostdeutschen zu der westdeutschen Zänkischen und „eigentlich wichtig sei ja der zweite Bruder, der Heinrich", sagte die Führerin im Park. Das ist der, der den häßlichen Obelisken mitten in den Blick gesetzt hatte, damit der ältere, erfolgreiche, immer schuldhaft an den jungen, zu früh gestorbenen, dachte. Dafür eine Schneise in den Wald und einen verbauten Blick. „Das Hochhaus", sagte die Führerin, „wird geköpft und der Schornstein gesprengt, damit nichts mehr den Blick verstellt."

Bis zum Poetensteig kamen wenige. Das Hinweisschild wies in zwei Richtungen und kündete somit einen Rundweg an. Und wenn man zu dem zweiten der beiden Weiher (Seen) kam, dann konnte man, weil er sehr still lag und geschützter als der erste, sich im Wasser spiegeln sehen. Das erste Laub fiel von den Bäumen, zog Kreise, Wasserläufer trübten den Blick.

Nein, „Bärens gibs nich", man hätte sich aber vorstellen können, daß ein schöner Prinz käme oder eine Prinzessin, vom Roß stieg und Visionen sähe, vielleicht hätte man teilhaben können.

Stattdessen fuhr ein Mercedes mit westdeutschen Kennzeichen vorbei.

Man hätte zurückgehen können zu den Literatinnen und sich weiter Texte anhören, der verschiedensten Qualität, man hätte den Eindruck haben können, vieles aufgenommen zu haben, was nichts mit dem Thema zu tun hatte und den Eindruck einer Belanglosigkeit teilhaftig geworden zu sein, den hätte man auch haben können. Wie der Sand, der märkische Sand, der beim Gehen unter den Füßen nachgibt, sich nach hinten schiebt, die Form verändert und dennoch bleibt.

„Es ist ein unfruchtbares Land“, sagte die 80jährige Gutsherrin abends bei der Lesung, als die die Seiten nicht fand, die sie vortragen wollte. Aber einer ihrer Vorfahren habe herausgefunden, daß wenn man Bäume zum Schutz gegen den Wind um es pflanzt, sich in seiner Mitte etwas entwickeln kann.

Vielleicht muß es ja sein. Schonungen. So nennt man das.

Aber ich liebe den Wind und hätte gern die Tür geöffnet und dann wär er hereingeweht und hätte alles etwas durcheinander gebracht, den Staub aufgewirbelt, den alten, alten Staub und wenn er sich wieder gelegt hätte, dann hätte man sich vielleicht königinnenhaft an den See gesetzt und hätte ebenfalls Visionen gehabt.

Unter Umständen allerdings, wäre das nicht bloß schön gewesen, man hätte sich vielleicht einen nassen Hintern geholt und sich womöglich erkältet.

Und wer weiß, vielleicht irre ich mich ja doch und es gibs Bärens. Dann wäre es den Literarinnens aber an die Substanz gegangen. Oh wie! Das hätte aber ein Geschrei gegeben. Da hätte man Fleisch und Blut sehen können und Mark und Bein und es wäre Zeter und Mordio geschrien worden.

Nein, nein, schon gut, daß nichts passiert ist.

Für Greueltaten ist Rheinsberg einfach zu schön.

Teilnehmerinnen am 1. Literarischen Salon

Viola Altrichter, Berlin, Schriftstellerin
Brigitte Birnbaum, Schwerin, Schriftstellerin
Carmen Blazejewski, Neu Nantrow, Schriftstellerin
Heide Blum, Dresden, Filmproduzentin
Margrid Bircken, Potsdam, Literaturwissenschaftlerin
Renate Chotjewitz-Häfner, Frankfurt, Schriftstellerin, Übersetzerin
Andrea Czesienski, Berlin, Lektorin, Schriftstellerin
Liane Dirks, Köln, Schriftstellerin
Anna Dünnebier, Köln, Schriftstellerin
Ines Eck, Jena, Schriftstellerin
Marianne Franke, Düsseldorf, Schriftstellerin
Kornelia Freitag, Potsdam, Literaturwissenschaftlerin
Traute Gundlach, Oberroßla, Schriftstellerin
Christiane Günther, Düsseldorf, Stiftung Kunst und Kultur NRW
Ines Helga Hauptmann, Glauchau, Schriftstellerin
Uta-Maria Heim, Hamburg, Schriftstellerin
Jutta Heinrich, Hamburg, Schriftstellerin
Sabine Herholz, Stuttgart, Geschäftsführerin des Schriftstellerverbandes
Katharina Höcker, Hamburg, Schriftstellerin
Barbara Höhfeld, Frankfurt, Publizistin, Übersetzerin

Jannina Jaeger Hansing, Hamburg, Übersetzerin, Lektorin
Angelika Janz, Aschersleben und Essen, Schriftstellerin
Kerstin Jentzsch, Berlin, Schriftstellerin
Silvia Kabus, Leipzig, Schriftstellerin, Literaturbüro Leipzig
Barbara Maria Kloos, Köln, Schriftstellerin
Barbara Köhler, Duisburg, Schriftstellerin
Katharina Kramer, Osterholz-Scharmbeck, Schriftstellerin
Maria Kublitz-Kramer, Paderborn, Kulturwissenschaftlerin
Hannah Lang, Blieskastel, Schriftstellerin
Eva Leipprand, Augsburg, Schriftstellerin
Kerstin Leitmeyer, Potsdam, Schriftstellerin
Ulrike Liedtke, Rheinsberg, Musikwissenschaftlerin, Schriftstellerin
Sigrid Meißner, Hamburg, Journalistin
Doris Meißner-Johannknecht, Dortmund, Schriftstellerin
Stefanie Menzinger, Riga und Schlangenbad, Schriftstellerin
Angelika Mihan, Potsdam, Kulturjournalistin
Regine Möbius, Schriftstellerin, Kulturjournalistin
Christa Müller, Potsdam, Schriftstellerin
Barbara Plensat, Berlin, Regisseurin, Hörfunk/ Hörspiel

Ingrid Protze, Ferch b. Potsdam, Sängerin, Schriftstellerin

Elisabeth Roters-Ullrich, Gladbeck, Literaturbüro NRW-Ruhrgebiet

Imme Anna Rupprecht, Bergisch-Gladbach, Malerin, Schriftstellerin

Jutta Sauer, Osnabrück, Schriftstellerin, Literaturbüro Westniedersachsen

Elisabeth Schmack, Mühlhausen, Schriftstellerin

Beate Schmitz, Grevenbroich, Schriftstellerin

Margot Schröder, Düsseldorf, Schriftstellerin

Sonja Schüler, Potsdam, Schriftstellerin

Cynthia Schwab, Dresden, Bücherfrau

Sonia Solarte, Berlin, Schriftstellerin

Gabriele Stötzer, Erfurt, Schriftstellerin

Tina Stroheker, Eislingen, Schriftstellerin

Ursula Theißen, Krefeld, Frauenkulturbüro NRW

Ingrid Wagner-Kantuser, Berlin, Senatsverwaltung für Kulturelle Angelegenheiten

J. Monika Walther, Dülmen-Hiddingsel, Schriftstellerin, Verlegerin

Karin Wenk, Berlin, Journalistin

Barbara Wiesener, Potsdam, Literaturwissenschftlerin, Schriftstellerin

Gerda Zorn, Hamburg, Schriftstellerin